PREFACIO

Si usted, amigo mío, está leyendo estas líneas, entonces debo estar muerto....

(Solo bromeaba). Es una manera positiva de empezar mi historia sobre uno de los mejores Batmen de nuestro tiempo. Sin los mayores descubrimientos de este milagro del hombre, yo no escribiría estas cosas ahora, y usted no las leería en consecuencia (por alguna razón, el espíritu de Richard Pryor todavía no me deja:-) Bueno, podemos discutir cosas serias con un trasfondo humorístico, ya que todas las bromas son verdaderas, y nuestro "chiste" tiene una gran cantidad de verdad, aunque no haya sido probado, pero sigue siendo verdad. Así que póngase sus divertidos anteojos de color rosa y hagamos un viaje bajo el eslogan "Inteligencia".

Mis libros anteriores (que espero que haya leído) estaban dedicados a Blockchain, Bitcoin, comercio de criptomoneda, hacking y otras reglas. Y una buena noche, mientras bebía ron dominicano junto a la chimenea, se me ocurrió una brillante idea: dejar de torturarle con cosas complicadas y empezar a escribir sobre cosas sencillas. Es decir, sobre la persona más ordinaria que no hizo una cosa tan ordinaria - inventó el protocolo de la primera criptomoneda. Todos los perros de mi vecindario conocen muy bien el nombre de este hombre. Hablaremos de Satoshi Nakamoto.

Y aquí, amigos, comienza la historia más interesante: a pesar de que su abuelita conoce el nombre de este tipo, nadie lo ha visto nunca. Pero espere: ¿lo ha visto en persona? ¿No? ¡Yo tampoco! ¿Apareció este Satoshi simplemente de la nada, hizo el bien para ti y para mí (después de todo, Bitcoin es bueno, verdad)? y regresó silenciosamente a sí mismo al otro mundo. Es difícil entender por qué prefiere tomar un asiento trasero y no dormirse en los laureles y disfrutar de la gloria. Al menos podría ganar más seguidores en Instagram o YouTube y anunciar algún tipo de pasta de dientes, ¿no es así?

En cualquier caso, la personalidad de Satoshi Nakamoto aún no ha sido revelada, y estoy seguro de que esta historia le parece un poco aburrida. Como me gustaba hurgar en la mierda desde mi infancia (es decir, "arrojar luz sobre las preguntas a las que es difícil encontrar respuestas"), decidí hacer algunas averiguaciones también en este número. Si es el mismo tipo de hermano inquieto, como yo, entonces vamos a ir a echar raíces alrededor de esta mierda (tachada) de teorías de conspiración juntos. Y nuestro viaje parece muy emocionante, créame.

Para no desgastarle con las historias sobre un solo hombre, he decidido también contarle sobre mi investigación sobre algún tramposo en el mercado de criptomoneda (sí, hermano, lo ha leído correctamente – tramposo -). Todos mienten, empezando por las bolsas de valores y terminando con una criptomoneda específica. Tenga paciencia, lo descubrirá todo.

Una persona creativa dentro de mí no quiere convertir este garabato en una obra privada de talento, así que enmarqué mi investigación en el género "Play". Vamos a descifrar el número de actos en él más tarde, y ahora puedo presentarles el elenco de personajes:

- El Sr. Satoshi Nakamoto en persona
- Geeks, que creó Blockchain con fe en un futuro brillante.
- Eggheads, que abrió los primeros intercambios centralizados para la moneda descentralizada (suena como un trabalenguas, ¿no?).
- HFT traders, que descubrieron un nuevo mundo de criptomoneda.
- Bancos, que aprendieron a resolver sus problemas (lejos de la cadena de bloques), utilizando criptocurrency
- Los distribuidores OTC y su capacidad de ahorrar dinero de los peces gordos.

Así que, tome sus palomitas de maíz, póngase cómodo y vámonos.

CAPÍTULO 1. SATOSHI NAKAMOTO, ¡DÉJAME VERTE!

LO BIEN QUE EMPEZÓ TODO....

El proyecto llamado "Bitcoin" fue creado en 2009 por un tal Satoshi Nakamoto (o por un grupo de personas bajo el seudónimo Satoshi Nakamoto). Este hombre simplemente colocó los materiales informativos en la red en la que describió en detalle su moneda descentralizada. Más tarde, también abrió la primera cartera de criptomoneda y lanzó la propia red.

Aunque Satoshi Nakamoto es llamado el creador de Bitcoin, vale la pena señalar que el 90% del desarrollo en este campo ha sido realizado por otras personas antes que él. Sin embargo, Satoshi fue el primero en llegar:

1. Nombre de Bitcoin
2. La idea del uso de Bitcoin

En los albores de su existencia, era muy fácil extraer Bitcoin y no costaba casi nada. Cualquiera puede instalar el software adecuado y "crear" cientos o incluso miles de Bitcoin para sí mismo. En un tiempo prudente, nadie pensó que Bitcoin alcanzaría casi 20.000 dólares en el lejano 2017. Y como esa gente no podía mirar hacia el futuro, estaban malgastando su Bitcoin a diestra y siniestra. Basta con mencionar la historia de un americano que compró dos deliciosas pizzas por 10.000 BTC. Oh, yummy))) ¡El tipo disfrutó de una pizza que vale varios millones de dólares a las tarifas actuales! Pero esa es otra historia.

Bitcoin comenzó su andadura con declaraciones muy fuertes. Recordémoslos (o conmemoremos, riamos a carcajadas):

- Descentralización: la incapacidad de cualquier persona para influir en la moneda de cualquier manera.
- Irreversibilidad de las transacciones: nadie puede cancelar o bloquear las transacciones.
- Anonimato: es casi imposible establecer la identidad de la persona que cometió tal o cual transacción.
- Disponibilidad de criptomonedas para principiantes: por ejemplo, la emisión de criptomoneda ocurre a través de cálculos informáticos, de modo que cualquiera que tenga un ordenador más o menos normal puede crear un poco de criptomoneda para sí mismo.

Entonces, ¿qué tenemos en resumen hoy y quién respalda realmente todas las promesas que suenan a la humanidad?

El interés de la sociedad por el creador de Bitcoin aumentó en sintonía con el crecimiento de la popularidad de la criptomoneda, pero la respuesta final a la pregunta "¿Quién es este Satoshi Nakamoto? Todo lo que sabemos sobre un desarrollador de Bitcoin es su apodo en el sitio. El usuario estaba activo a través de un sistema de servidores proxy, lo que permitía preservar el anonimato de la conexión de red. El perfil también indicaba que el usuario vivía en Japón y que en ese momento tenía 37 años.

Para aclarar la imagen de este hombre fantasma, voy a utilizar dos de sus pequeños artículos personales de memorias (él quería ser famoso, ya ve). Por lo tanto, expreso oficialmente mi gratitud al Sr. Nakamoto por la información proporcionada, que ha sido de gran ayuda en mi investigación. Para mí, no era solo un juego de cartas, sino un verdadero alimento para el pensamiento. Así que en serio, hermano, ¡mucho!

Por lo tanto, todo el material que leerá a continuación se basa en solo dos fuentes:

- Bitcoin Whitepaper (an article de Satoshi Nakamoto publicado en 2009)
- A book by Mr Nakamoto

Excluiré de estas fuentes información aburridas al algoritmo SHA-256; este libro no trata de cosas tan abstractas, así que gente, no se preocupe, sírvase una copa de vino y continúe leyendo.

Así pues, la primera pista de nuestra investigación la da el propio Sr. Nakamoto, quien, a pesar de su deseo de permanecer en el anonimato, se entregó a sí mismo cuando se confundió en las zonas horarias cuando había estado publicando en medios sociales y foros. Resultó que el tipo no escribió desde Japón, sino desde la costa este de los Estados Unidos. Si lo duda, entonces debes saber que no es mi suposición. El propio Satoshi habló de este "error" en su libro.

¿Qué más nos dijo el Sr. Nakamoto sobre sí mismo? En el libro hay pocas palabras sobre sí mismo, pero aún así: dijo que trabajaba como asistente de laboratorio de informática en algún instituto, y que su madre se dedicaba a escribir en ese momento, pero que aparentemente no había sido buena en ello, ya que Satoshi notó que había sido impopular (mucho menos que otros, ¿no?):) Satoshi tenía entre veinte y treinta años cuando creó Bitcoin.

Nakamoto también señaló en su libro que el inglés no es su lengua materna. Sin embargo, ¡alguien editó sus textos! ¿Su madre, quizás?

Alma Mater

La identidad del misterioso Satoshi Nakamoto siempre ha llevado a los periodistas a asumir de alguna manera suposiciones descabelladas, ya que muchas personas han sido consideradas creadoras de Bitcoin. Al parecer, había incluso algún tipo de prueba. El australiano Craig Wright, el americano de origen japonés Dorian Satosi Nakamoto, el profesor Nick Szabo, el estudiante irlandés Michael Clear... No es toda la lista de posibles creadores de Bitcoin. Pero no nos basamos en las suposiciones de los demás, sino que llevamos a cabo nuestra propia investigación personal. Así que, póngase su traje de buceo y vamos a ir más profundo.

En vista de los hechos previamente descubiertos sobre el lugar de residencia de Satoshi Nakamoto, primero tuve que recordar qué ciudades pertenecen a la costa este de los Estados Unidos, cuáles son: Boston, Portland, Providence, Hartford, Nueva York, Newark, Buffalo, Albany, Filadelfia, Baltimore, Washington, Richmond, Norfolk, Raleigh, Charlotte, Columbia, Charleston, Atlanta, Savannah, Jacksonville, Orlando, Tampa y Miami. Como nuestro Satoshi se equivocó al decir que era asistente de laboratorio de TI en algún instituto, deberíamos encontrar todas las universidades con educación en TI en el vecindario. Usé el sitio web study.com: Universidad de Purdue, Universidad de Ashford, Universidad de Georgetown, Baker College Online, Strayer University, Regent University, Capella University, Lincoln Tech, City University of Seattle, The Art Institutes, Lewis University, Virginia College, Penn Foster Career School, Saint Joseph's University, Penn Foster High School, Utica College, Brightwood College, The University of Scranton, Colorado Christian University, Fortis College, University of Delaware, CDI College, Altierus, Stanford University, Harvard University, University of Pennsylvania, Duke University, University of Notre Dame, Vanderbilt University, American National University.

¿Cree que estoy tan loco como para husmear en todas estas universidades? Sí, sé que estoy un poco loco, pero no tanto. Es más fácil para mí encontrar a otro tipo mucho más "loco", que hizo este trabajo antes que yo. Encontré un hombre así en bitcointalk.org. ¿Y qué hizo este tipo? Encontró 114 estudiantes varones, que buscaron en la red de sus universidades la información sobre criptografía. Quiero señalar que en ese momento (en 2012) el libro de Nakamoto aún no había sido publicado.

Aquí hay una lista de los nombres de posibles estudiantes de TI:

1. Adhikari, Avishek Indian Statistical Institute, Kolkata 2004
2. Applebaum, Benny Technion-Israel Institute of Technology 2007
3. Arrighi, Pablo University of Cambridge 2004
4. Avoine, Gildas École Polytechnique Fédérale de Lausanne 2005
5. Aydos, Murat Oregon State University 2001
6. Baier, Harald Technische Universität Darmstadt 2002
7. Bak, Daniella City University of New York 2000
8. Barak, Boaz Weizmann Institute of Science 2004
9. Batina, Lejla Katholieke Universiteit Leuven 2005
10. Benits, Jr., Waldyr Royal Holloway, University of London 2008

11. Bentahar, Kamel University of Bristol 2008
12. Bisson, Gaetan Technische Universiteit Eindhoven 2011
13. Bisson, Gaetan Institut National Polytechnique de Lorraine 2011
14. Bone, Eric Brandeis University 2004
15. Boneh, Dan Princeton University 1996
16. Brassard, Gilles Cornell University 1979
17. Bregman, Ido Hebrew University 2009
18. Broadbent, Anne Université de Montréal 2008
19. Cachin, Christian Eidgenössische Technische Hochschule Zürich 1997
20. Chandran, Nishanth University of California, Los Angeles 2011
21. Chee, Yeow Meng University of Waterloo 1996
22. Chor, Ben-Zion Massachusetts Institute of Technology 1985
23. Ciet, Mathieu Université Catholique de Louvain 2003
24. Cohen, Aaron University of Minnesota-Minneapolis 2007
25. Condie, Leisa University of New South Wales 1992
26. Cusak, Charles University of Nebraska-Lincoln 2000
27. Damgård, Ivan Aarhus University 1988
28. Dechene, Isabelle McGill University 2005
29. Desmedt, Yvo Katholieke Universiteit Leuven 1984
30. Dodis, Yevgeniy Massachusetts Institute of Technology 2000
31. Döring, Martin Technische Universität Darmstadt 2008
32. Doumen, Jeroen Technische Universiteit Eindhoven 2003

33. Eagle, Philip Royal Holloway, University of London 2008
34. Fernández Rúa, Ignacio Universidad de Oviedo 2004
35. Freeman, David University of California, Berkeley 2008
36. Freking, William University of Minnesota-Minneapolis 2000
37. Gastaud Gallagher, Nicolas Georgia Institute of Technology 2007
38. Giuliani, Kenneth University of Waterloo 2005
39. Green, Matthew The Johns Hopkins University 2008
40. Greenfield, Jonathan Syracuse University 1993
41. Grundy, Dan University of Kent, Canterbury 2008
42. Gysin, Marc University of Wollongong 1998
43. Halsey, James North Carolina State University 1970
44. Hardjono, Thomas University of New South Wales 1991
45. Heindl, Raymond Clemson University 2009
46. Henhapl, Birgit Technische Universität Darmstadt 2003
47. Herzog, Jonathan Massachusetts Institute of Technology 2004
48. Hitt, Laura University of Texas at Austin 2007
49. Hsiao, Chun-Yuan Boston University Graduate School 2010
50. Juma, Ali University of Toronto 2011
51. Kaliski, Jr., Burton Massachusetts Institute of Technology 1988
52. Kalka, Arkadius Ruhr-Universität Bochum 2007
53. Kanukurthi, Bhavana Boston University Graduate School 2011
54. Kaps, Jens-Peter Worcester Polytechnic Institute 2006
55. Karabina, Koray University of Waterloo 2010
56. Khadra, Anmar University of Waterloo 2004
57. Kiayias, Aggelos City University of New York 2002
58. Klima, Richard North Carolina State University 1997
59. Klimov, Alexander Weizmann Institute of Science 2005

60. Ködmön, József University of Debrecen 2005
61. Koskinen, Jukka Lappeenranta University of Technology 1994
62. Kumar, Sandeep Ruhr-Universität Bochum 2006
63. Laskari, Elena University of Patras 2010
64. Liskov, Moses Massachusetts Institute of Technology 2004
65. Livne, Noam Weizmann Institute of Science 2010
66. Lu, Steve University of California, Los Angeles 2009
67. Mashatan, Atefeh University of Waterloo 2009
68. Maurer, Ueli Eidgenössische Technische Hochschule Zürich 1990
69. Minder, Lorenz École Polytechnique Fédérale de Lausanne 2007
70. Mironov, Ilya Stanford University 2003
71. Möller, Bodo Technische Universität Darmstadt 2003
72. Monico, Christopher University of Notre Dame 2002
73. Montanari, Andrea Università degli Studi di Perugia 2010
74. Moran, Tal Weizmann Institute of Science 2008
75. Myers, Steven University of Toronto 2005
76. Nance, Jr., John North Carolina State University 1972
77. Neat, Charlie University of California, Los Angeles 1975
78. Overbeck, Raphael Technische Universität Darmstadt 2007
79. Papakonstantinou, Periklis University of Toronto 2010
80. Park, Je-Hong Korea Advanced Institute of Science and Technology 2004
81. Park, Seung Kook University of Illinois at Urbana-Champaign 2007
82. Peralta, Rene University of California, Berkeley 1985
83. Peters, Christiane Technische Universiteit Eindhoven 2011
84. Petkova, Maria Humboldt-Universität zu Berlin 2009
85. Qu, Chengxin University of Wollongong 2000
86. Ràfols, Carla Universitat Politècnica de Catalunya 2011

87. Rhouma, Rhouma École Nationale d'Ingénieurs de Tunis 2008
88. Ritzenhofen, Maike Ruhr-Universität Bochum 2010
89. Rodriguez-Henriquez, Francisco Oregon State University 2000
90. Savas, Erkay Oregon State University 2000
91. Schaffner, Christian Aarhus University 2007
92. Scheidler, Renate University of Manitoba 1993
93. Schillewaert, Jeroen Universiteit Gent 2009
94. Schwabe, Peter Technische Universiteit Eindhoven 2011
95. Shaheen, Rasha Cairo University 2010
96. Shang, Ning Purdue University 2009
97. Shen, Shuo Purdue University 2007
98. Shershin, Carmen University of Miami 1982
99. Shokrollahi, Jamshid Rheinische Friedrich-Wilhelms-Universität Bonn 2006
100. Sigmon, Neil North Carolina State University 1995
101. Stebila, Douglas University of Waterloo 2009
102. Sunar, Berk Oregon State University 1998
103. Tawalbeh, Lo'ai Oregon State University 2004
104. Teague, Vanessa Stanford University 2005
105. Thomas, Tony Indian Institute of Technology, Kanpur 2006
106. Toli, Ilia Università di Pisa 2004
107. Wehner, Stephanie Universiteit van Amsterdam 2008
108. Weis, Stephen Massachusetts Institute of Technology 2006
109. Wolf, Christopher Katholieke Universiteit Leuven 2005
110. Wolf, Stefan Eidgenössische Technische Hochschule Zürich 1999
111. Wyseur, Brecht Katholieke Universiteit Leuven 2009
112. Yao, Chui Zhi University of California, Riverside 2008
113. Zuccherato, Robert University of Waterloo 1997

114. Zumbrägel, Jens Universität Zürich

Link on the structured table

Ahora veamos por qué debemos tener en cuenta a todos estos tipos de la lista de arriba:

- Nakamoto dice en su libro que necesitaba conocimientos de matemáticas y criptografía.
- Nakamoto publicó anónimamente su post en Bitcoin pero no podía esconderse cuando hacía peticiones criptográficas en su alma mater nativa.
- Nakamoto confesó que había creado una prebitcoin antes de Bitcoin, por lo que estudió constantemente criptografía para este propósito en 2007-2008, lo que significa que hizo peticiones web en la universidad.
- Como vivía en la costa este de los Estados Unidos y trabajaba como asistente de laboratorio de TI en una universidad, tiene sentido que hiciera sus pedidos desde el mismo lugar.

De entre el considerable número de chicos (potenciales Satoshis), deberíamos dejar solo a aquellos que no solo buscaban información sobre criptografía en Internet, sino que también estudiaban en las universidades de la costa este de Estados Unidos. Sólo nos quedan seis de ellos.

1. Cusak, Universidad Charles de Nebraska-Lincoln 2000

2. Mironov, Universidad Ilya Stanford 2003
3. Monico, Universidad Christopher de Notre Dame 2002
4. Universidad de Shang, Ning Purdue 2009
5. Shen Shuo de la Universidad de Purdue 2007
6. Teague, Universidad Vanessa Stanford 2005

¿Sabe cómo estrechar aún más el círculo de estos potenciales "Satoshis"? Seleccione solo a los que estudiaron en la universidad entre 2007 y 2009 y solo hay dos de ellos:

- Shen Shuo de la Universidad de Purdue (2007);
- Shang Ning de la Universidad de Purdue (2009).

Shen y Shang

Como no tenemos un gran número de candidatos al título de Satoshi Nakamoto, sólo dos, ahondemos en sus biografías.

Shen Shuo escribió una thesis sobre la criptografía de curva elíptica en 2007. Puede preguntarse qué tiene que ver con Bitcoin. Responderé que el enlace es directo ya que Bitcoin uses elliptic-curve cryptography al crear una clave pública (direcciones de carteras BTC).

Los asesores académicos de esta tesis fueron:

- Profesor Samuel Wagstaf (Universidad de Purdue)

- Doctor Michael Jacobson (Universidad de Wyoming)

El segundo tipo, *Shang Ning*, escribió su thesis en 2009. ¿Cuál era su tema, alguna idea? Por supuesto, ¡fue el efecto de los caracoles en la formación de agujeros de ozono! No, espeluznante, su tema era la criptografía de curva elíptica, como la del hermano anterior.

Los asesores académicos:

- Profesor Samuel Wagstaf (Universidad de Purdue)
- Profesor Andreas Stein (Universidad de Wyoming)

No soy lo suficientemente paciente para analizar las tesis de estos dos tipos (alguien dirá que no soy lo suficientemente inteligente), por lo tanto, como un auténtico intelectual, sólo miré al principio y al final de las tesis.

Así, al principio de su trabajo, Shen Shuo expresó su gratitud a su familia, su esposa y su hijo. Pero Satoshi tenía poco más de 20 años en ese momento, así que ¿cuál es la probabilidad de que el tipo ya tuviera una familia a esa edad? En cuanto a mí, es bastante pequeña, y Shen Shuo era mayor entonces.

A su vez, Shang Ning agradece solo a una tal Mary Gitzen, que le ayudó con el inglés cuando se acababa de mudar a los Estados Unidos. Y recordamos que Satoshi

Nakamoto tenía problemas con el idioma (inglés, hermano).

En la tesis de Shang Ning, noté otra cosa interesante: escribe sobre la "clave jerárquica de tiempo limitado" y, en la medida en que tengo suficientes cerebros, ésta es una clave criptográfica relacionada con el tiempo. Al mismo tiempo, la descripción del algoritmo de cifrado viene dada por el ejemplo de los vendedores y abonados, y esto ya sugiere una similitud con Bitcoin como medio de pago.

Ahora volvamos al Whitepaper de Bitcoin. Podemos encontrar un bloque así allí:

3. Timestamp Server

The solution we propose begins with a timestamp server. A timestamp server works by taking a hash of a block of items to be timestamped and widely publishing the hash, such as in a newspaper or Usenet post [2-5]. The timestamp proves that the data must have existed at the time, obviously, in order to get into the hash. Each timestamp includes the previous timestamp in its hash, forming a chain, with each additional timestamp reinforcing the ones before it.

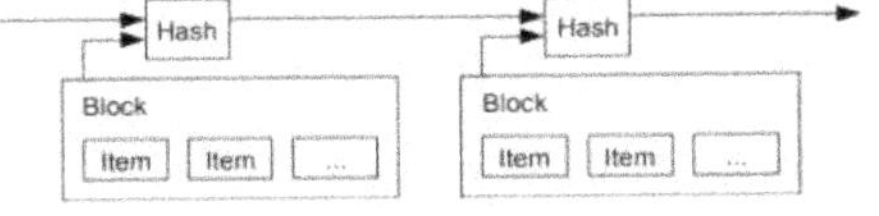

¿No cree que la clave jerárquica y el servidor de fijado de tiempo tienen el mismo concepto? Nakamoto argumenta que es el servidor de fijado de tiempo es el que resuelve el problema de la protección contra el "doble gasto" de los activos en criptomoneda.

Además, encontré otro paralelo entre la tesis de Shang Ning y la tecnología Bitcoin. La tesis describía un nuevo método de criptografía llamado "parametrización

polinómica", que también se mencionó en un trabajo sobre Bitcoin (The Bitcoin Backbone Protocol: Analysis and Applications).
Ahora, unas palabras sobre el "pasado sombrío" de ambos tipos. Shen Shuo nació en Fuxin, en el noreste de China. En el año 2000, obtuvo una licenciatura en matemáticas en la Universidad de Ciencia y Tecnología de China. En la Universidad de Purdue, obtuvo una maestría en ingeniería eléctrica e informática. En 2007, defendió una tesis sobre criptografía, que ya hemos analizado.

Shang Ning nació en la ciudad de Anyang, en la provincia de Henan. En 2002, obtuvo una licenciatura en matemáticas en la Universidad de Wuhan. En 2007, recibió una maestría en ingeniería eléctrica e informática en la Universidad de Purdue. En 2009, defendió su tesis sobre criptografía, que fue el tema de nuestra discusión.

La moraleja de la fábula es....

No daré a nadie la oportunidad de correr durante mucho tiempo y finalmente saciaré tu sed de escuchar el verdadero nombre de Satoshi Nakamoto. Así que el redoble de tambores, por favor... mi suposición es que él es Shang Ning.

Usted dirá: Sí, por supuesto, ¡Shang Ning! ¿Por qué no Zun Pun Sun o Dai Hui? Tranquilo, hermano, ahora le explicaré todos los puntos:

- En 2007-2009, Shang Ning, al igual que Satoshi Nakamoto, permaneció en la costa oriental de los Estados Unidos;
- Shang Ning no es un hablante nativo de inglés. En su tesis, agradeció la ayuda de cierta Mary Gitzen. Para Satoshi Nakamoto, el inglés tampoco era nativo, y también agradece a la mujer, su madre, por enseñarle. ¿Y quién sabe el nombre de su madre?
- Shang Ning estudió matemáticas, tecnología informática y criptografía, y Satoshi Nakamoto argumentó que esas habilidades son fundamentales para crear Bitcoin.
- Shang Ning escribe en su tesis sobre la aplicación práctica de algoritmos criptográficos con vendedores y suscriptores (¿le recuerda esto a una transacción?). Lo mismo se describe en el Whitepaper de Bitcoin
- Shang Ning tenía menos de 30 años en el momento de redactar la tesis, al igual que Satoshi Nakamoto.

En conclusión, también decidí hurgar en Linkedin Shang Ning. A continuación se muestra una captura de pantalla:

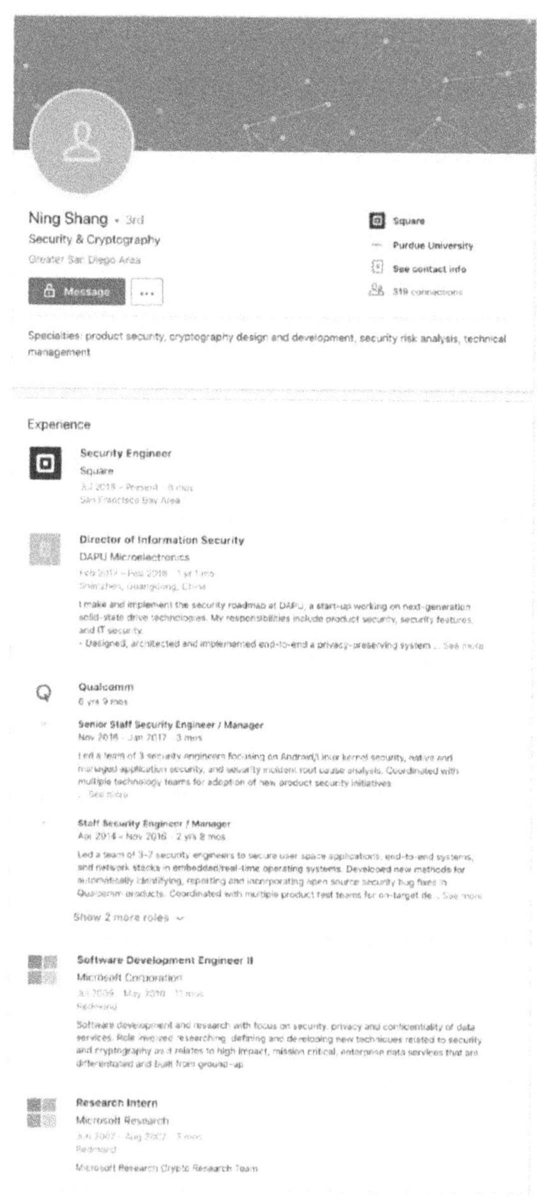

Su perfil confirma que el tipo está trabajando persistentemente en la esfera de TI:

- Había sido miembro del Microsoft research crypto research team y trabajó en la investigación de Microsoft incluso antes de defender su tesis.

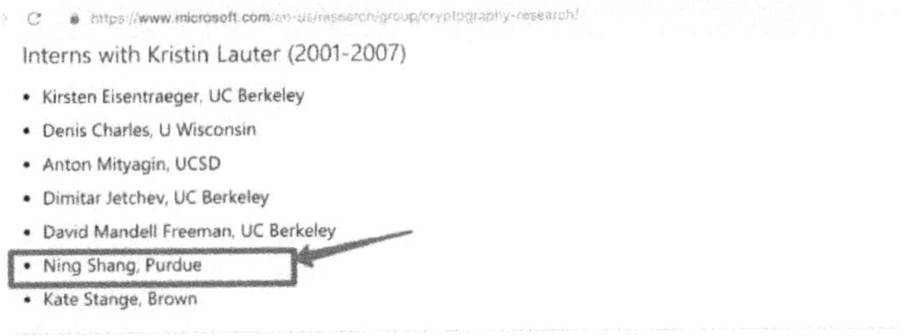

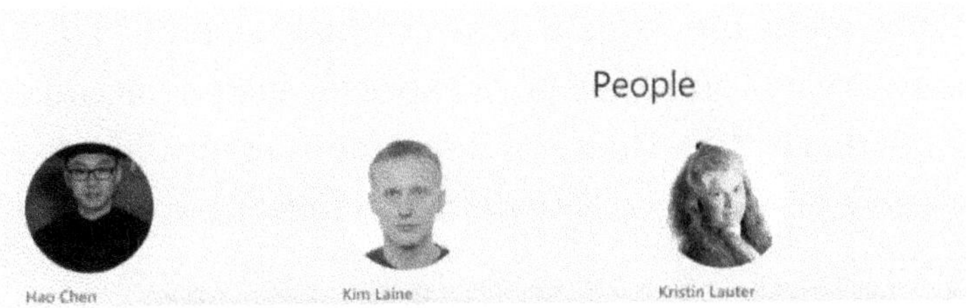

- Durante el periodo de estudios en la Universidad de Purdue (2007-2009), no trabajó en ninguna parte, y recordamos que Satoshi Nakamoto creó Bitcoin en esa época.
- Shang Ning defendió su tesis el 1 de enero de 2009, y el primer bloque de Bitcoin fue creado el 9 de enero de 2009. Ya en julio de ese año, regresó a Microsoft para el puesto de ingeniero de desarrollo de software II.
- En 2010-2012, pasó a ocupar el cargo de ingeniero superior de seguridad en Qualcomm.

Más tarde se trasladó al puesto de ingeniero jefe de seguridad

- Febrero 2017 - Febrero 2018, Shang Ning se desempeñó como director de seguridad de la información en DAPU Microelectronics.
- Desde julio de 2018 hasta hoy, nuestro Satoshi Nakamoto es un simple ingeniero de seguridad en Square. ¡Un ingeniero privado!

¿Lo dice en serio? La gente suele tender a una tendencia al alza en sus carreras, y nuestro Satoshi resulta preferir la tendencia a la baja? He aquí otro dato interesante: la oficina, en la que Satoshi ahora trabaja, se dedica al hardware y al software para expresar los pagos con tarjeta de crédito. Quizás deberíamos seguir de cerca a esta empresa, ya que Bitcoin también es un medio de pago.

Aquí termina mi primera fábula. Quién sabe si encontré a Satoshi Nakamoto o es solo otro ataque de esquizofrenia aguda. Un lector se alegrará sinceramente de esta noticia y correrá a predicarla por todo el mundo, mientras que otro decidirá enviarme algunas píldoras contra la locura. Por cierto, si usted también tiene el deseo de enviarme algo, entonces acepto Bitcoin, no píldoras. En serio, hermano. ¡No se avergüence! Escríbame un correo electrónico y le enviaré la dirección de mi billetera (déjeme explicarle para algunos lectores serios: "Estoy bromeando":-).

Por cierto, un editor de Forbes USA admitió una vez que los periodistas de su medio de comunicación pasaron unas 10.000 horas buscando la identidad de Satoshi Nakamoto, pero no obtuvieron ningún resultado.

En una palabra, por quienquiera que sea este tipo, el que creó Bitcoin, merezco el Oscar periodístico (si lo hay, riendo a carcajadas) o una bala en la frente por mi investigación:)

Capítulo 2. Desde el primer bloque hasta el primer intercambio

Así que, en la sección anterior del libro, fuimos hasta el fin del mundo para conseguir al superagente Satoshi Nakamoto. Si su personalidad oculta tantas cosas interesantes, entonces imagínese lo que está sucediendo en el vasto mercado de criptomoneda, qué secretos y manipulaciones increíbles esconde de nuestros ojos. Pero no somos tontos, ¿verdad, hermano? Y, por lo tanto, ¡desenterraremos la verdad! Así, iniciaremos nuestra investigación desde la era de los dinosaurios - los primeros bloques minados- y avanzaremos hacia la aparición de los primeros intercambios de criptomoneda. Sin hacer esto, nunca serás capaz de entender el mercado y, más aún, de comerciar (y es algo muy rentable, créame). Si de repente siente que ya ha madurado lo suficiente y está listo para memorizar no solo las palabras "criptomoneda" y "Bitcoin", sino también frases tan abstractas como "olas de Elliott" o "soporte y niveles de resistencia", ha encontrado el lugar adecuado.

No estoy seguro de que percibirá fácilmente toda la siguiente información, así que tome otra copa de vino espumoso (o un poco más) y continúe leyendo.

Como ya he mencionado, decidí iniciar mi investigación a partir del periodo de los mamuts. En el mundo de la criptomoneda, este período fue cuando se minaron los primeros 1.500 bloques. Decidí examinar esos bloques por mi cuenta. Ciertamente pertenecían a Satoshi Nakamoto ya que fueron extraídos en el primer mes de existencia de Bitcoin. También empecé a estudiar todas las carteras desde las que se transfirieron los primeros Bitcoins.

¿Está seguro de que es lo suficientemente resistente mentalmente para ver mi trabajo? (Bueno, entonces eche un vistazo a la lista de carteras)

№ of Block	Reward BTC	Recipient, who was SPENDING
9	50	12cbQLTFMXRnSzktFkuoG3eHoMeFtpTu3S
78	50	1AiBYt8XbsdyPAELFpcSwRpu45eb2bArMf
309	50	1627A2DbCtVVykWVJmdQz2ERwkw4uiEL22
317	50	1E5npMTmh9PnBHxCacuqzAZRGEybkxPMAq
320	50	12V3D1ytYGZgYTgmuNh8JLAiKMF9chUoDd
329	50	153h6eE6xRhXuN3pE53gWVfXacAtfyBF8g
357	50	18KrJNtPVu6LWRNPQReqF29iFm7vDhirMk
360	50	18SH9vwx24L5cTabfkgtGMjF8A56pD9AUJ
361	50	12wej8tANWruTQFEhWFJtTkjNLt76pE268
372	50	1PQjPXAtSZfUiiQeD4nafQ7HKx7J1kYQ4J
394	50	1JV9ZQX6cCd4YrUtHHQm9iDL6cMxP3oQ3J
407	50	1PEsXxy7kVSPL3Sqw9q4HPkbM368tGTYcx
413	50	15ATbhqgqxkGen8ZLsb2BEbQzw3ymdzbQ9
417	50	1ELmSkQWnqgbBZNzxAZHts3MEYCngqRBeD

419	50	19CkFSEiHB5UVah3fvZD17qk48m82TfAp8
431	50	1ADpf5rHERc2PmVAZZFoH7WbougKvkPDVD
433	50	1ajo3LNjjNWK7GMJwa71tcR3Mk6roeaS9
439	50	1PxUJBokfT8Cn1pizWYeJpbpm9To4HwRHr
442	50	1ACWHyRM8rtbt96KauPJprnF2qDQSdPJ54
450	50	1LfjLrBDYyPbvGMiD9jURxyAupdYujsBdK
461	50	15Eto1LeCTkZGkPwr3H2BS8Nu1yadfeEH8
463	50	13Vpu2cTr58iTAKaF9MfYxrgzYTHK64qtG
465	50	1xgLCvWYJGuCxqPunbBiUxmSKLDwxZeu5
473	50	17c6L9JUGVenn6CfqXuB93L3Tk8Tbzefui
490	50	15ALyVo8ZuoTikHMYRq6p8nGr17gxQApXf
493	50	1L9kYwPr6SWvp8zsxvJARHt4UUVk51WQcf
501	50	132aSc15WmoPwtMbqRVzouZKNnjWL1YTVb
506	50	17oofDoUGPaTi7xEP3StP1sU1YxEMDfQa6
509	50	1Miuw7ifaTYY5qrzKYFcTDiojSFxRfAqwP
512	50	16cHAjKh6Gr5HFDqz6JKgLmtpMzbKpZYfa
521	50	1CrnUia9wfeNFbdwKJNj89YqA6qetvYTTE
528	50	12oRSUW6UVYNCUk8yyrFvbpbJw7uia31sA
541	50	1JCNTEzhK5J8dPhhsnarS3UeQe7rxgmZig
562	50	17k3Gr1KM16X5cQ5VCp7sBmw12Gh9bpL6m
563	50	1CnKmNvgA4aK8LhKiKekNnnHcqeFpwGUbU
567	50	18bN2GBzfRwnV6dmr7MiuDoxn39uqvjwPs
575	50	1LVcDpgziv9d6hXKF9ncYveDdQWb1j88m8
591	50	1PmxdAq9UdYqB8TL45asUeV4PxTLiTuNiw
596	50	1CpZmPEGBbH7gUsM1xS31CvaKDE92EiiKg
598	50	1HKqNPMm1yjNb2YaAuTG8VcQ3hUCfgCPob

607	50	1D1FUseiHmbRPDCRvExrBX3C3BtFxGimMz
614	50	15qgGqvzsyCYnjyCQLNrXzjtgxQvGVLPj4
624	50	1LtEkbFPkXouhn9uUyYbaGwUEF4AUazuR5
651	50	14nELEgJL95NU3BKi5D734ysFuVUCEjLWg
658	50	1KZXdVqEtWUpq1BRb1S69kfgszLbn8t1vt
666	50	1C1QnL6oZqiRmKgaTm8XZbHccwupvJsAwG
685	50	1ADTuxdhYePCW9PEvkCKnib6jmbg6mKXdz
687	50	1M7kUuZDyHT5opZr789ybEES6Nyqxxyk6T
688	50	1GEhNKRWcePnKDhAieuAAcW6FkwDNZqKX7
699	50	1Nsyx1KBDfTCczg2LmXu2HagyfewQkSPH9
702	50	1MqispkLBvCEwxq2dwzXdgMR97v8VJjYUH
707	50	1HZKjpAYdaiXvCV3b6mXExrhPd3djzDWM
720	50	1P9JXnCX3wzHXgHtpPgkAg2DX25e3HTkEk
726	50	1Q6kHNUDra29FqKGXf8rWuj6LZizjAHVvq
728	50	1EDym1P2XMxJVuWaEt7BaPL5B9AijhhD4K
730	50	17C8uaaknVNSfGM6eeaZQzrrEuhveQPirv
739	50	1NyD2gM5qcGCRKmuJK7gUUqcQMrUFQRZQz
748	50	16HRfyssnLAtnpWG8pnGJdGgNpXtKW78Yw
752	50	1DdhxvYwVrnUP4xcWaquUnmZ177HVeUT2L
757	50	1DayUvccL8WV7zjkn26aC3M4hwGwJFyFw4
767	50	19QiFoYFBf8bo6STnvdCD21ASskDGkpaSQ
772	50	1BGnWwafsPsHo11opJGVbJdLADxakwZoAD
773	50	1MxQgXvgUuSj7ScRwuJ3p4t9rstnd3NqFv
777	50	1Gg5WVQsrfk8L9uMpmtsFqW7NoS2ZpoKPs
782	50	1HnKDtdn1Q7qLh8rC722c5af6RhSsnHbSE
786	50	1PyKe5Dokd9T6WMq1Wjc4mZ99v88dCKJWe

803	50	1DCcZbNtttndh6tvoK8xRTB5BUMdfL51aL
809	50	1HG3byV85t3wiZ4uazZJvntRQT2Rmw4rbm
813	50	1Bs54ogGcFTejhoyNwDgJR9x7yRHHnv1JF
814	50	1Fz1PZ4m2PykPasegmG3oWNXTu837Buu8T
819	50	17LDnEt8ggVjH43QdjhZ4FhkXC9zXgk48b
821	50	19oF5fxNiUDMr7FyZzyZhz9TxDdKGGkqUW
824	50	15fLMPJUAyiuc28gscdmRnVu1zUC1TXHtz
828	50	17jkFTQuYaGssazzqZ6CTHgRVQYRgLmf34
842	50	18QQUbHJhyzFDVKhEHPhHFZF3qdBmp74eB
850	50	15dnC28mA2tnbSbyjtqVRVtcmXwroDSrJQ
869	50	1CbDYwNDp5aA5FVmCf2Z95kjkMCgoBr2X8
877	50	1CPoDZcupzrLJCPvPovsyQJCgSjgwzHocD
885	50	1QNzY4rFXUrigUtbuvPu7wsKvHsDQKv86
905	50	1GZczj6uyZ1gyipBrNpN66cVvXnSbnESsH
913	50	18XcqBQ7BbE7TLvQfbGHKhqBgo4MvjGGVG
923	50	1MDDHENF1xDvN2C1a2HzvC3nuthsjXyLjL
927	50	1GHH9T1zinmfy8VqYcSuZP7qtCkGSPR44V
935	50	1JjyaJhj7gM1BDPjkKvNPp6zGQodneSRzW
940	50	1CsZEWqUk95GggXg1mvxP6qWv95bCvVaZs
945	50	1DGgqqQHfwGX28FzenC2DgqX2fzgU99urQ
949	50	12oAMNsu5qmzpcafSKJMYxnPCyaYxui4sp
955	50	1MJFHWKEZhTJkvw7Jygf9PnaSZRDdD8HLV
956	50	1L6yp2BegnXYnHCxm2CutMjrzHzDRmFEcT
958	50	16miRBBoGPbButAoZfxSMG4VgwoHrKUiCk
959	50	1LH3y6VPnF1KcPhxLSJ3eJ3NHvXWSaysAr
964	50	1FZooLsa7YyoSY8NUw1SDam7ZN6GghbJ76

966	50	1AoWi2xSyQoWuxrYrdr1PPVi5PxA8caNGC
979	50	17CtNkUdjYwa99vAHb9YbgXJ36wTRHQh3r
984	50	1CLK9m1s3D9Lc2oQprZ3jNdz9ikcdbH6vb
986	50	12VKdj1La4fnqX7qTQPfPwm9McBxtmtSsG
992	50	1PD7u8S27HS3PcY6ZKAM897RQLK5rx87wq
994	50	1MT2FEY48nq9qRcEQs43KKCbiZw1HNJg58
996	50	1A18WA52hdnHgGhgmd7yR6dgtnEhQrLnFJ
998	50	1AZBpyYUSWApQkKqsEDZ9mriWCZMArrgzR
999	50	1Ktq4ujHAwk8Utk1AGzCCq2aFBRbdkMeh7
1003	50	1A9VNjdMGHdMRhaHNj8zwRNLoutbDysvoU
1010	50	1PWjDwnVTSnSFzde8NpU7QRcVKJ4kAqtpE
1014	50	187TqctoDdtHaQDStEiRJGSPK93Yr45psE
1018	50	1NChfewU45oy7Dgn51HwkBFSixaTnyakfj
1025	50	15JuUHnBm5AtG4AYbSMVxHXrvdvMVubZrr
1027	50	152XPBGegp6jKSxYfEmhpzcnDQdrogc8dk
1031	50	1Ewy2mCVfDwGRBEDbFzHTMsDiCxTGLx72A
1042	50	1HQkgckTBytqaGmwyQgqTU5aptuZ7qFiyp
1063	50	1NdLg6FNKyFXyRfmFssW4DSgaWRzscYXUg
1068	50	13xWc32uuYEtXkMruFY8Ego4wP9ynBxmhB
1075	50	18RXG5o4g2dqZKbhorDcMAZHDdY5hn5V86
1088	50	13HyCUP3tdwUrQACdesNC6NCG99jXLFanc
1091	50	1NiUwRWvCEWBTHCNJAW9mGAk4AxwoXTj9J
1094	50	1AuUQiT2eBhJq4XPDBCvgDNszzAi8JoWro
1096	50	19NaaYCw1UBQd2gFfc77bKnVesA5d7fFzM
1102	50	12GXsmgDpTJC63NcK67Lvns8uLPWHe3Ari
1107	50	1B9zyacRvnw5CL6NBd3HN484eDNsQqFNyV

1113	50	1Cf8eqCMA26nNQysQ12cpWbyT15uSJ6TMu
1114	50	1J6AgPccDGJ9NdGD9RjnMM8zPvWmcMRpEX
1119	50	14zHfSpU4kbiqwqAHPm669SKe6HSbyKQkB
1123	50	15ac3UtBMowi6oDz82S1FXWq4RU48EZ3QN
1125	50	1qvpfJXzAzKJvkbBFRVEtNZw6yU31orDL
1135	50	1JNoSuNB7PVtMyeAy6nkNNcbubo4cDPPAS
1136	50	1675n6xp1aQ53w8kPJaghB749v5ekeyVGb
1139	50	1HaEeDfAWeo4hopjYMAx1At75uhY614C9X
1143	50	144KB1evSa1FjKEp9jBFKTznNREJLqvjvW
1144	50	1MUKXPFrGZNWeJApikyeK8VoFVTqmDLDHB
1150	50	1B7XbL6wMCPmCfwKtDgEdoSucWR4PYYBP4
1153	50	1BSgXqBzNHFfdqRHBPzLD23CFXpzhqpRrb
1178	50	17xz3mGXbf1D9Yz2FXwMTsUJs7oMcUUiTv
1192	50	1DGdXqZeQsMKwfEpbAuvPHt2d72jfk1VWG
1195	50	1GSAXEQEW7st7prSuz89x6DjKEcLUFSDCJ
1206	50	12BpQhir1LnPLoENAGAqwfW2X82kP1PCtw
1214	50	15w2oa5zs7EZNfamsvouyHdHP6ApCBUbWH
1217	50	16J5sZw9rZfcmPuHgp73exrbj37ierpuNQ
1218	50	1GNYTnnXzM2YNLXRGahfgVW5TkoHz6HuWp
1219	50	132FRJJLYxf4D94721mLqMR5CH3N6PzHUW
1227	50	1NRn1gzBWF2rKqUJBY37P1JgK1Zn4a1x9b
1233	50	1AHJbmcNpaxrgwDc12XFXnUSfpED5ksSiH
1240	50	1BtNBoKGgME9HCkjeHNJ6FrsZaAMTLCWED
1242	50	1Cndx9tcJHh2GGSnvG3nzsWmYMNxDMd61u
1245	50	1LNJ2Hx612Yf8uTxtojpTFPCniGHv2Aeok
1248	50	13kBLtgfK3uR7Ku87Co66xmgCZe67S674B

1254	50	1JDr5igrBmDC6zNtkqFrjpaPNb8wwLvYVz
1255	50	1JSnYFMbMbAB9hCT78WWAP32Hhc6EaVBSJ
1260	50	1B2HeTwi2y1aHXcLPZN5EePboJ3qTVbixT
1267	50	15j9aNE6D1ZnJF8Ags86vrkHbMGZBkroc9
1269	50	15aLEm1J4nZiLBEd5MmdRSj34MnF5GCaky
1270	50	1CGrQkozzohNKcUVGjMJH4UMcjjufmtnFq
1276	50	1DsGZxBbPXrLj5B8H39wJrVCTjYFKYRwXx
1284	50	15L3KzV9ZhiReTF8vvdRu7AwABTNjU7x1N
1285	50	1KKQHhasw82cjLidcrEFmcXavtXcja3qdH
1289	50	1FD2WQ9ov4b9czEFd9hJnMBcLfonJ8NcRq
1296	50	125JeyLib4bzAkqFbcidrNqwcty6S51yCu
1298	50	1NwocmtHDBp3uJNMXTyj7gTLXwvWZPMcrq
1299	50	1L4Ad5A1xw15cr6wkmEpHBYeMTSDEaVct4
1309	50	162T6BNdxfiMkTJssASmNW9Joat1Cy1PUH
1316	50	13evwJtdkEp2wcmv5xtqE7mF6pr5bFrbxw
1333	50	1M79wfuR7Bjgeu4DgfSP8G6E5Mpx2hqUhb
1342	50	1JFmQAS8du4V8JvZBpwXvMnzyhEXkC4b7N
1352	50	1MYDoS7PxsjYQveWRSHYLGf6KMe2gdsuM3
1376	50	14DFY3RsdrJ5U6CCgatYssM2gKAiyBm4mE
1378	50	1H5RfmcyUvJPSujfGLKRSp9G5nodt2nAxC
1383	50	1BGKfxaa8rMtKAsNXGMmAXmCeUFpe7pMxB
1388	50	1mCcDsmFi37DDr1Wv3t6bTpmc29uBJkJg
1389	50	1PpzwxQ3Uz9U2jZPuJQ8khoXJbyk51zb54
1390	50	13yawe8cxT5xaYLQ39rAnbUUxeFppNrBpM
1391	50	1NGqnHmn3W8XV7YujeL3LhnWwqQzzMmwr4
1392	50	1FqhgVCeyrwRrVSob8EUPPfqKfGhMgDr8e

1393	50	17raqeUa1C6DP1SYkN1QWUv5esnWpqfBZi
1394	50	1FgcFGzaAHVSkKxysugAg8CnsysjL4Pf17
1396	50	1GaVH6stCc4bwYkWe6VcRM24HHSszq85a4
1397	50	1BENJudbbZ8dfTwFtCLuJNWMTtBLE2bZa
1398	50	1LXgpvzVXBeiPaX8HLynZmib3968fiZHu7
1399	50	114rh9hzgStCRbXWuuahe87nQdkY1Ebncr
1408	50	1YBxWKBmTQvZKAWXwKuMHfRQd9Rzbw62v
1409	50	114Y2Hz7uDHmyK5iKhAzMbPZrHbYnNXqAX
1412	50	1By2YCAamR9incizhczhs6n1kfaEPy3cAM
1417	50	1KsUoXTpVc3cfW8rDdDXrunSSmSeMeGphf
1425	50	18VgUpjy6dTosH1LB2bvfsduJo3RuUCFwr
1440	50	19msR75aJX8Bn7TApWg58GSJp8r5YrMLWd
1471	50	1Jy5dQmet2xg1Pk5VYZE2hSWu8StK6aQWZ
1479	50	1K2rGvYh58r5kuTK6pSsizkN8uwhBFy7w
1486	50	1BKDLRuEy8uaKweNewFS41w7GUc41m4cDU
1487	50	1D3RX2nN4v5cE8GLPHqT7RWa8YVGvoAot7

¿Por qué son tan interesantes los primeros Bitcoins de Satoshi Nakamoto? El siguiente hecho es curioso: todo el mundo está convencido desde hace tiempo de que estos Bitcoins son fijos, es decir, que no han sido enviados a ninguna parte. (Entiende, hermano, no voy a desafiar esto tampoco)

Así, el caso es que Satoshi Nakamoto supuestamente desapareció en 2010, pero el 19 de junio de 2011, uno podía fácilmente rastrear la transacción saliente de su billetera (1627A2DbCtVVykWVJmdQz2ERwkw4uiEL22),, que contenía 50 BTC minado en 2009

1. colección de criptomoneda afinada a 2.000 BTC de varias billeteras de Satoshi;
2. la transferencia de 2.000 BTC a algún lugar.

Si trata de imaginarse cómo eran todas esas transacciones, se alineaban en un laberinto como este:

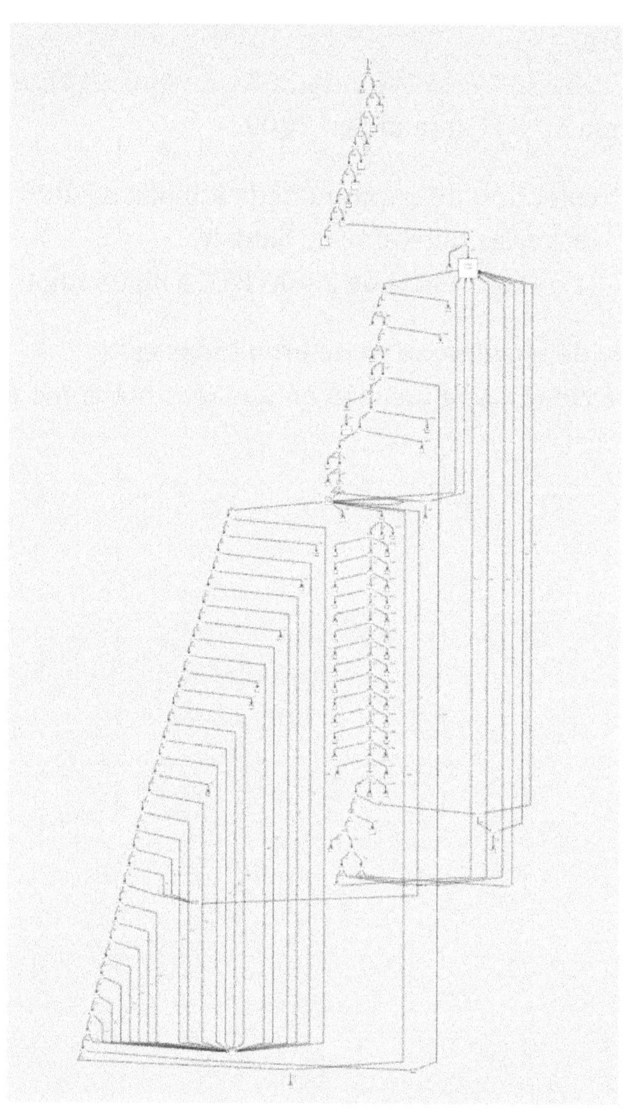

Si es aún más loco que yo, y quiere ver todo el horror del laberinto con sus propios ojos, vaya a este site, hermano.

Se debe prestar especial atención a estos tres puntos interesantes:

1. **el asunto Theymos (THEYMOS)**

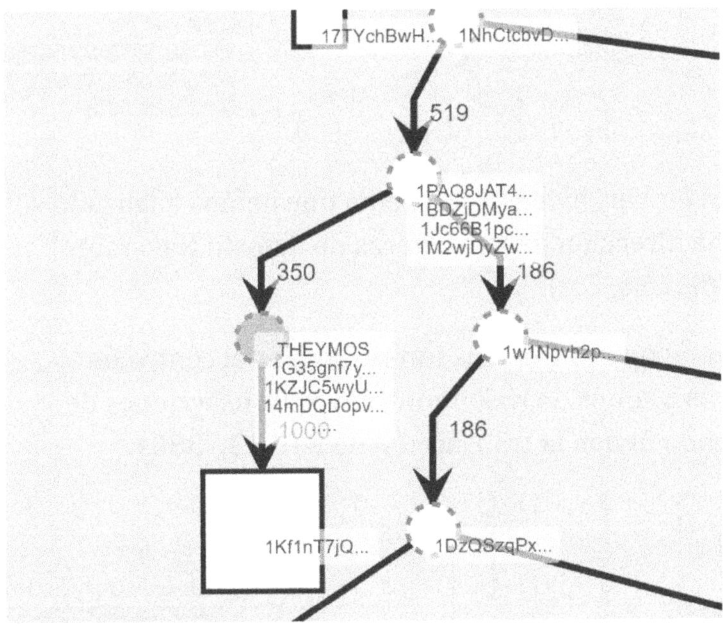

2. **Nakamoto hub**

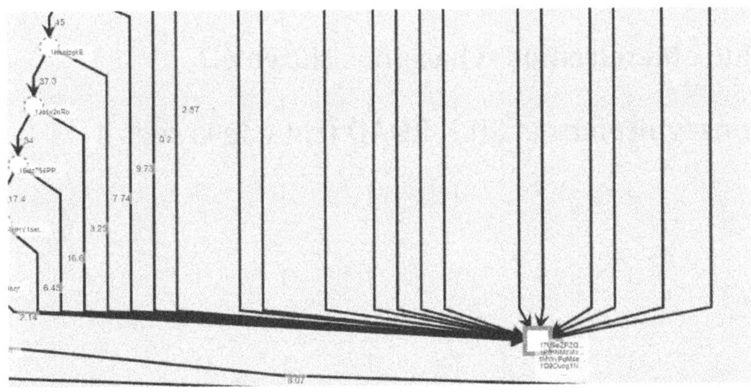

3. Big Guy wallet

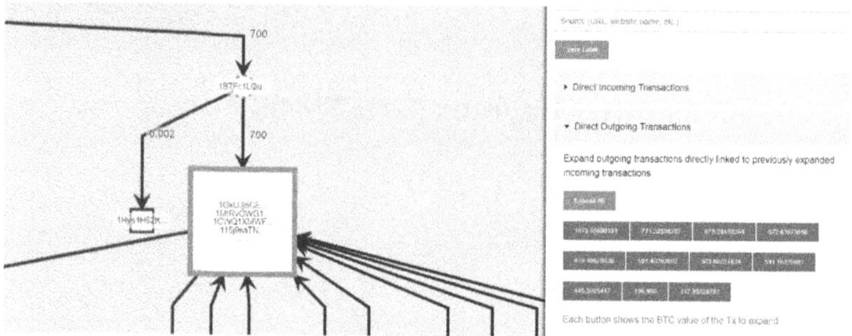

Sin embargo, tenga en cuenta que hemos analizado sólo una dirección de las carteras de Satoshi Nakamoto! ¡Sólo una, Carl!

En mi opinión, el más interesante es el centro de operaciones de Nakamoto, cuyas transacciones de salida tienen la transacción de BTC 13.73804.

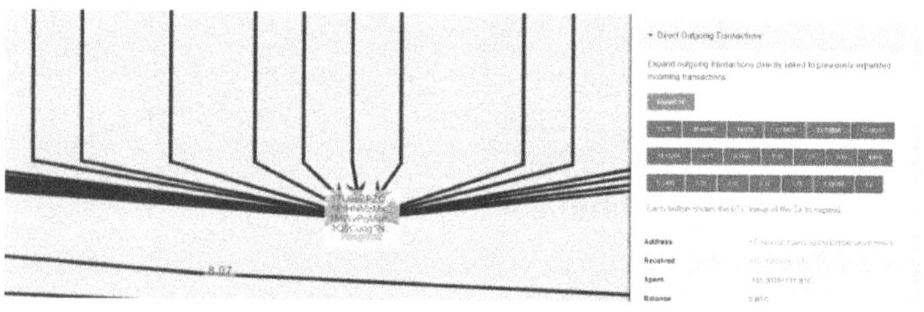

¿Qué obtendremos si hacemos clic en él?

¡Conseguiremos el SILK ROAD (ruta de la seda)!

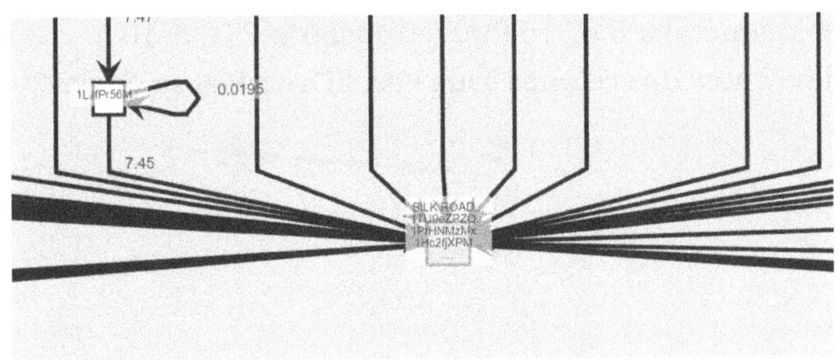

Por supuesto, no tengo pruebas de que Satoshi estuviera lavando su dinero a través de SILK ROAD en 2013, pero el hecho sigue siendo el mismo.

Ahora volvamos a la billetera 127eQydc39bFw8jJMYrWJRwatJvntZWNfE, a la que llamé el Gran Tipo porque contenía miles de bitcoins. La billetera se ve así:

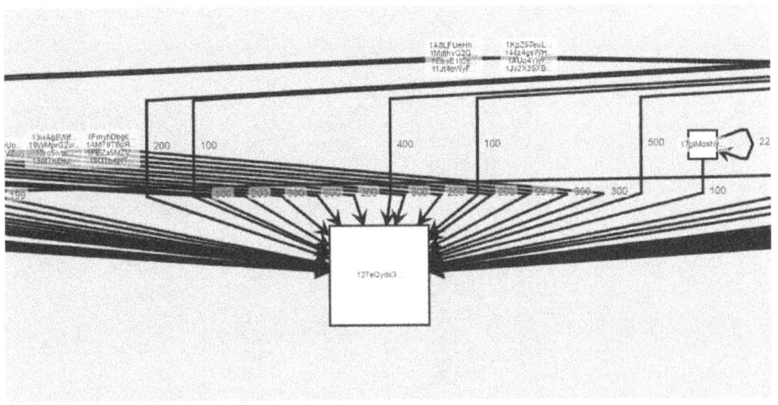

Así que, tanto como BTC 32,360 pasaron por la billetera de Big Guy, y la última transacción se hizo el 17 de abril de 2013. Después de analizar todas las transacciones de esta cartera, encontré un jugoso carrusel que empaquetaba BTC 10.000 y transfería BTC 5-10 a diferentes direcciones cada vez. El carrusel se ve así:

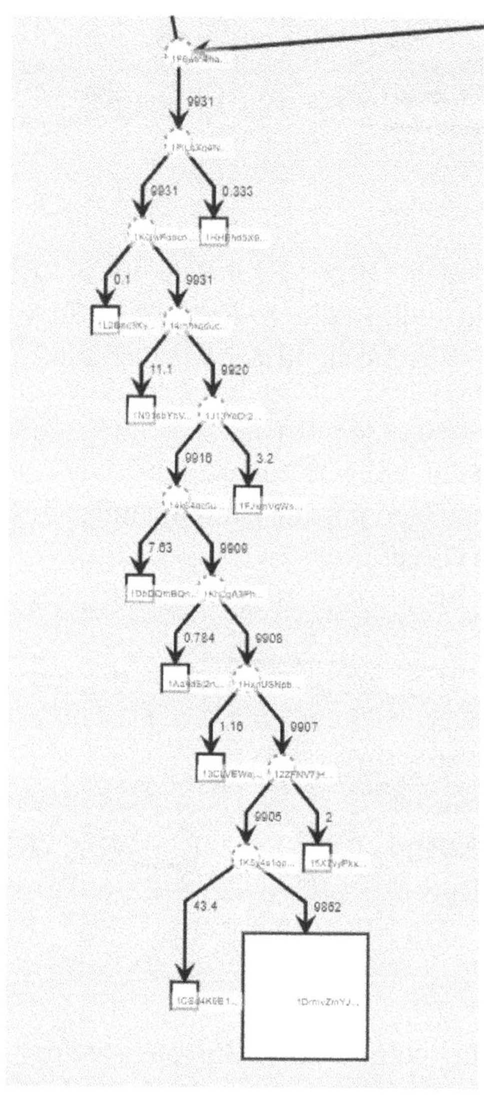

Entonces mi cerebro se atascó (sí, sucede a veces con las manivelas) y decidí que estaba cansado de analizar a través de Blockseer, así que cambié a blockchain.com y comencé a volver a revisar todas las transacciones en las transferencias de BTC 10.000. Aquí están las carteras que encontré:

Me senté obstinadamente en mi sofá durante una hora, luego una hora más, y una más, y miré a la luna. No, amigo mío, estaba viendo cómo 10.000 disminuyeron. Gracias a la persistencia (apuesto a que la palabra correcta es locura), logré llegar al final de la cadena, donde sólo quedaban 20 BTC de 10.000 BTC. Tengo la siguiente billetera:

1PySs5yB9TU7toyTsrXKdT356gYmoSLMRw

Usted puede preguntar qué tiene de especial esta billetera. Definitivamente es especial, hermano. Sólo confíe en mi palabra. Espere, será mejor que lea)

Esta cartera está vinculada a dos piscinas que se dedican a la transferencia de 0.0000000001 BTC como una advertencia sobre el próximo cambio de precio (es mi descubrimiento personal, pero el tema es tan complejo que lo leerá en mis próximos libros o se enterará de ello en su próxima vida). Aquí están las transferencias de las que estoy hablando:

1. pool No.1 (7 October 2017)
2. pool No. 2 (3 April 2017)

Ambas piscinas funcionaban con una wallet, a la que llamo "Sochi" por las primeras letras de su dirección (por cierto, Sochi es una ciudad de Rusia). Mirando "Sochi", también se puede ver el "Enjoy." Esta cartera también hace un pool of transfers de BTC 0.0000000001 (10 de julio de 2017).

Y ahora el redoble de tambores: una carta va a aparecer en mi libro por primera vez. ¡Sí, nena!

Decidí poner los tres grupos en el gráfico de precios de Bitcoin. Mire, lo que tengo:

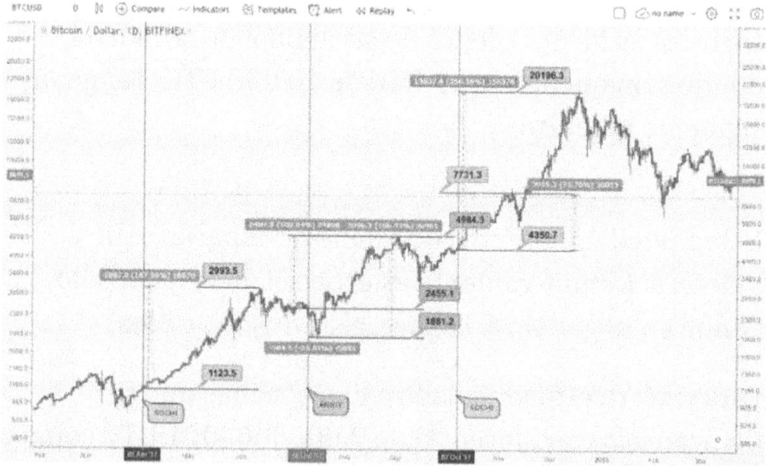

Una coincidencia muy interesante: el pool nº 2 precedió al crecimiento de los precios de Bitcoin en un 166%, y el pool "Enjoy" precedió al retroceso de los precios en un 24% y luego el crecimiento en un 166% comenzó de nuevo.

THEYMOS SE METIÓ EN UN JUEGO

Si ha leído atentamente, debería haberse dado cuenta de que nos perdimos un momento: THEYMOS. No se preocupe, lo entenderá todo)

Primero, Satoshi Nakamoto transfirió el BTC 350 a esta cartera. En segundo lugar, THEYMOS es uno de los primeros administradores de Bitcointalk, y las transferencias de Bitcoin se asociaron a la entonces campaña Bitcoin Donations for Bitcointalk.

Si analiza el perfil de THEYMOS, verá que está bastante activo en el foro, pero no es el punto. Lea here. La entrada se publicó el 1 de octubre de 2015.

cybrbeast
New Member

Joined: Sep 28, 2015
Messages: 21
Likes: 22
reddit: cybrbeast

In the beginning I thought he was cool for hosting the bitcointalkforum. But when I found out he also ran the /r/bitcoin subreddit I was already less amused that most of the online social interactivity could be controlled by one person. Then there were the bitcoin donations that were never spent on improving the forum, quite the opposite, the forum has actually become more broken and lost functionality.

Still, that wasn't too bad, however when he started censoring near majority opinion concerning and discussion concerning blocksize on /r/bitcoin he crossed a terrible line. He also simply refused to give in, even though most people from both sides of the debate wanted to have it uncensored.

This is all I know, I have no idea about the person, his motivations, or other crap he's pulled. Is there a good bio/writeup somewhere?

cybrbeast, Oct 1, 2015 #1

La respuesta de un administrador a estas acusaciones fue la siguiente:

blockchain-db
New Member

Joined: Oct 1, 2015
Messages: 3
Likes: 4

Glad you asked.

Please share this around!

Local mirror:

Michael Marquardt

Michael Marquardt, more commonly known as theymos, is a Bitcointalk administrator and Reddit /r/bitcoin moderator. He has recently came into scrutiny for potential mishandling of $1 million of entrusted forum donations, censorship of Bitcoin Xt, an alternate client, and the blanket banning of the posting of his own personal information on bitcointalk, while allowing the personal information of *others* to be freely posted on bitcointalk. Even moderators of his communities have came out against his unilateral censorship.

Resulta que THEYMOS es Michael Marquardt. Y ahora trae esto:

- - billetera THEYMOS No. 1 - 1NXYoJ5xU91Jp83XfVMHwwTUyZFK64BoAD;
- billetera THEYMOS No. 2 - 138eoqfNcEdeU9EG9CKfAxnYYz62uHRNrA.

Aquí viene el redoble de tambores otra vez:

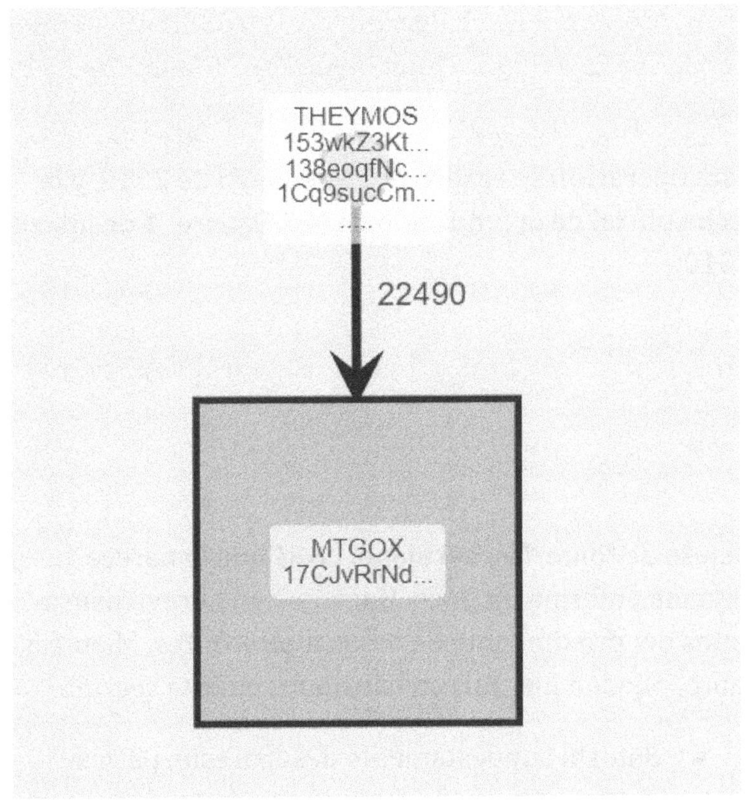

THEYMOS - MTGOX!

De ahí que THEYMOS se convirtiera en uno de los primeros inversores en el conocido MtGOX (si no sabe lo que es esto, entonces tome una referencia:

(https://en.wikipedia.org/wiki/Mt._Gox).

Así, THEYMOS transfirió BTC 22.490 a MtGOX. Incluso puede ver esta transacción aquí https://www.blockchain.com/btc/tx/d38f1409a188bc60b223ca329e05d53af8de249e95c169640b95be3319836be4.

Esta operación se realizó el 21 de mayo de 2010, y la fecha oficial de la fundación de MtGOX es el 1 de julio de 2010.

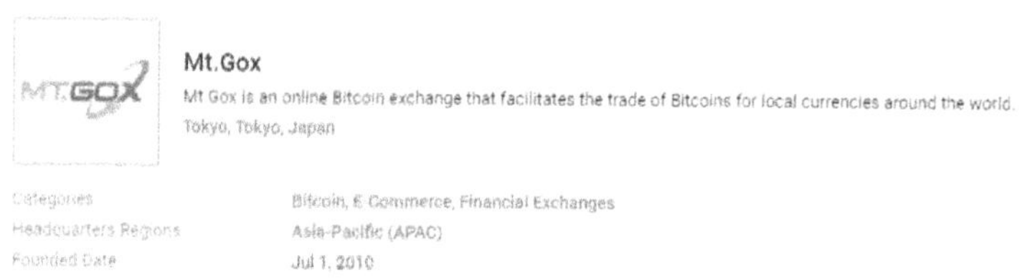

Déjese de tonterías, hermano, no sé qué le parece, pero esto me enferma un poco. Hagamos una breve pausa antes del próximo lote de cosas interesantes. Mientras tanto, pueden leer mis conclusiones en esta sección:

- Satoshi supuestamente desapareció, pero su dinero aún puede estar en movimiento.
- Satoshi invirtió su dinero en el servicio de mezclas de la Ruta de la Seda.
- Satoshi organizó un carrusel, gracias al cual encontramos carteras "Enjoy" y "Sochi". Una ciudad rusa y Satoshi - ¿hablan en serio, chicos?

Satoshi transfirió dinero a Theymos, y este último resultó ser un hombre engañoso e invirtió todo su capital en la bolsa MtGOX incluso antes de su apertura.

CAPÍTULO 3. MTGOX DE INTERCAMBIO

Le siento...

Siento su rápida y cálida respiración. Su mirada intencionada desde debajo de los párpados semicerrados. Sus suaves puntas de los dedos, corriendo por el pelo y...

Y una pregunta clara en Su cabeza: "¿QUÉ MIERDA ESTOY LEYENDO AHORA MISMO?"

No se enoje, hermano, no es la siguiente parte de "50 sombras de gris", no se preocupe. No se ha extraviado. Le preparo para la siguiente mierda (lea "conspiración"), ¡que he desenterrado en este milagroso mercado de criptomoneda descentralizado!

De hecho, acabo de decidir hacer una especie de reinicio literario para su cerebro. ¿He tenido éxito en ello? Si es así, siga leyendo. Si no lo he hecho, tengo suerte de estar bastante lejos de usted ahora. ¡Agarre el libro con fuerza, friki, y siga leyendo!

Así que, como hemos descubierto en el apartado anterior, THEYMOS transfirió BTC 22.490 a la cartera de la bolsa de MtGOX el 21 de mayo de 2010. ¿Qué tipo de "oficina" es? Vamos a averiguarlo.

MtGOX fue fundada en 2007 por un tipo llamado Jed McCaleb. Al principio, el intercambio se dedicaba a la venta de cartas de Magic the Gathering, de ahí que se llamara Magic The Gathering Online eXchange. En 2011, la bolsa fue vendida a la empresa japonesa TIBANNE Co. Así, Jed McCaleb terminó con sólo el 12% de las acciones de MtGOX, y un cierto Mark Karpeles obtuvo el 88% restante. Incluso antes del lanzamiento oficial de la bolsa -como recordamos el 1 de julio de 2010-, el dinero había empezado a llegar a su cartera:

Date	Amount BTC	Senders	Sent
19.05.2010	10	16RcAV7PN6QS3MaRtSEy3YbBfztA1DUxr	*10*
21.05.2010	22490	153wkZ3Ktm2rYT5TniDxj43Wy1ihjD59GW	*400*
		138eoqfNcEdeU9EG9CKfAxnYYz62uHRNrA	*5000*
		1Cq9sucCmX7M82JDm6qYpgk7C3RYZYQC22	*2500*
		16WvoYoAdPRja4g5SnKxiXmGxXKTj41toS	*3300*
		1LkukeTemkYDxKXxkTRit6XpTVuApnw31V	*11000*
		138eoqfNcEdeU9EG9CKfAxnYYz62uHRNrA	*290*
28.05.2010	2500	138eoqfNcEdeU9EG9CKfAxnYYz62uHRNrA	*2500*
09.06.2010	3600	16WvoYoAdPRja4g5SnKxiXmGxXKTj41toS	*100*
		138eoqfNcEdeU9EG9CKfAxnYYz62uHRNrA	*3500*
18.06.2010	5000	1LkukeTemkYDxKXxkTRit6XpTVuApnw31V	*3700*
		1DZFcB4AnHcabWnkTH4TYNqyVxUbe96n1w	*300*
		1Mru9STd941rgyEH8UvPrJBaJVr1kHbkp8	*1000*
19.06.2010	400	1CxpRFocvZ3xfGxDXM4T2Nb2PncB1vpu5q	*50*
		1HeotPnZVRbxGYtzWVo4s1FBZBqvGNqEqA	*50*
		1BnExE2TotsZQbiiE51MvUb1pyTGohzu7V	*50*
		16W39xn2MF4VtWw7xGUDGCDSUVytoULeF7	*50*
		15t65tSsRiDU63HzBYoo6FiQxejpst8fay	*50*
		14rXZuGJWnDmL8UbNQu2p4WLTsQtmU668o	*50*
		1H63ptHa99fTzx2pqbD4vRSGibMPKHBerw	*50*
		1JN9Qqizr8bSB9sjxrTgNVbpRj8hAVWEff	*50*
24.06.2010	3700	16WvoYoAdPRja4g5SnKxiXmGxXKTj41toS	*400*
		16WvoYoAdPRja4g5SnKxiXmGxXKTj41toS	*150*
		1GEECfBjkeUMCf3TNWCHvXZKKjnjjra7tC	*3000*
		16WvoYoAdPRja4g5SnKxiXmGxXKTj41toS	*150*
25.06.2010	3050	138eoqfNcEdeU9EG9CKfAxnYYz62uHRNrA	*3000*
		17ZC7FP7xe9SpBSiEx26CYQ3tw6u3ZEtB1	*50*
30.06.2010	295	1oxKqNXthUtE19NcWAihWg7peK95bMRQ9	*50*
		1EA8vHtfmFuRYMWfSBraiknBCPC4wWTYnb	*50*
		1NmfSbHC1q9S3Ww1ApvrvJruW5P3dTcWYC	*50*
		114o8MsUzJn7grKKo1woghmGc6wQAs58U2	*50*
		12PLHUQ2p56QX6Ht312q1WmZCFykuiGTyF	*50*
		14iQundB43KkLeuZG72nUch1UTUutTR1xS	*45*

Si se ha frotado bien los ojos y su mente no se ve seriamente afectada por todo el alcohol que bebió mientras leías las secciones anteriores, mire la tabla de arriba:

1. Las carteras de las personas que transfieren dinero se repiten
2. La primera transacción, con fecha 19 de mayo de 2010, al estilo de BTC10, fue realizada por alguien muy cercano a este intercambio. Tal vez, se hizo para revisar la billetera. Tal vez, no. Aquí está la dirección del remitente - 16RcAV7PN6QS3MaRtSEy3YbBfztA1DUxr.

Por conveniencia (o para que finalmente exprese su deseo de dispararte por toda esta información), sistematicé a todos los "inversores" de la bolsa en la siguiente tabla:

Owners	Senders	Sent	%
THEYMOS	1LkukeTemkYDxKXxkTRit6XpTVuApnw31V	14700	87,68%
	138eoqfNcEdeU9EG9CKfAxnYYz62uHRNrA	14290	
	16WvoYoAdPRja4g5SnKxiXmGxXKTj41toS	4100	
	1Cq9sucCmX7M82JDm6qYpgk7C3RYZYQC22	2500	
	153wkZ3Ktm2rYT5TnIDxj43Wy1ihjD59GW	400	
	Total	35990	
"Shahrazad"	1GEECfBjkeUMCf3TNWCHvXZKKjnjjra7tC	3000	7,31%
"Noname"	1Mru9STd941rgyEH8UvPrJBaJVr1kHbkp8	1000	2,44%
	1DZFcB4AnHcabWnkTH4TYNqyVxUbe96n1w	300	0,73%
	114o8MsUzJn7grKKo1woghmGc6wQAs58U2	50	0,12%
	12PLHUQ2p56QX6Ht312q1WmZCFykuIGTyF	50	0,12%
	14rXZuGJWnDmL8UbNQu2p4WLTsQtmU668o	50	0,12%
	15t65tSsRiDU63HzBYoo6FiQxejpst8fay	50	0,12%
	16W39xn2MF4VtWw7xGUDGCDSUVytoULeF7	50	0,12%
	17ZC7FP7xe9SpBSiEx26CYQ3tw6u3ZEtB1	50	0,12%
	1BnExE2TotsZQbiiE51MvUb1pyTGohzu7V	50	0,12%
	1CxpRFocvZ3xfGxDXM4T2Nb2PncB1vpu5q	50	0,12%
	1EA8vHtfmFuRYMWfSBraiknBCPC4wWTYnb	50	0,12%
	1H63ptHa99fTzx2pqbD4vRSGibMPKHBerw	50	0,12%
	1HeotPnZVRbxGYtzWVo4s1FBZBqvGNqEqA	50	0,12%
	1JN9Qqizr8bSB9sjxrTgNVbpRj8hAVWEff	50	0,12%
	1NmfSbHC1q9S3Ww1ApvrvJruW5P3dTcWYC	50	0,12%
	1oxKqNXthUtE19NcWAIhWg7peK95bMRQ9	50	0,12%
	14iQundB43KkLeuZG72nUch1UTUutTR1xS	45	0,11%
"Wikipedia"/Founder	16RcAV7PN6QS3MaRtSEy3YbBfztA1DUxr	10	0,02%

¿Ha notado algo interesante aquí?

Eche otro vistazo, hermano.

¿Nada? ¿Cómo es eso? ¡Todo está bastante claro!

Bueno, está bien, aquí tiene:

- Wikipedia" / El fundador transfirió el BTC 10 desde la cartera 16RcAV7PN6QS3MaRtSEy3YbBfztA1DUxr, que ya hemos mencionado.
- Más del 80% de todo el dinero fue transferido por Theymos desde un grupo de carteras asociadas con Bitcointalk
- Un poco más del 7% del dinero fue transferido desde una cartera llamada "Shahrazad" (1GEECfBjkeUMCf3TNWCHvXZKKjnjnjra7tC);

- Un poco más del 2% del dinero fue transferido de una billetera, cuyo dueño no encontré.
- Un poco más del 2% del dinero fue transferido de un grupo de billeteras BTC 50. Supongo que fueron los primeros mineros, que decidieron invertir su primer capital minero en MtGOX: (

WIKI

Hermano, siéntese tranquilo. Ahora entenderá lo que Wikipedia tiene que ver con esto.

Así que, en 2014, había un proyecto (ahora no está activo) llamado "Blockchain Inspector.". El propósito de este proyecto era bastante transparente (e interesante para mí): analizaba todas las transacciones en la red utilizando inteligencia artificial. Gracias a this article , me enteré de que la inteligencia artificial también funcionaba en dos carteras de los inversores de MtGOX. Otra cosa que descubrí es que la billetera, que creó MtGOX, transfirió dinero a Wikimedia Commons.

Rule 3

IF a Bitcoin address makes a transaction to a well-known foundation (like Wikipedia) THEN create a relationship "made a donation" to the foundation.

Existing data : The database contains an entity named "Wikipedia" which owns the address "16RCdSYjvj6PpCcbAWVzoArQaYVz3Tf5W4". We also know that "Wikipedia" is a foundation.

```
//-- Declaration of the rule.
ACTION& BitTransRule3 = NewRule(BitTransRule3Callback);

//-- Variables declaration.
CONCEPT& A = AddVariable(*CONCEPTS::BITADDRESS);
CONCEPT& B = AddVariable(*CONCEPTS::BITADDRESS);
CONCEPT& Foundation = AddVariable(*CONCEPTS::FOUNDATION);

//-- IF <A, InBitTransaction, Actor(BitTransRule3)> AND <B, InBitTransaction, Target(BitTransRule3)>
//--     AND <Foundation, Own, B>
AddGoal(BitTransRule3, A, *ACTIONS::INBITTRANSACTION, ACTIONS::GetActor(BitTransRule3)  );
AddGoal(BitTransRule3, B, *ACTIONS::INBITTRANSACTION, ACTIONS::GetTarget(BitTransRule3) );
AddGoal(BitTransRule3, Foundation, *ACTIONS::OWN, B);

//-- THEN <A, Donation, Foundation>
AddEffect(BitTransRule3, A, *ACTIONS::DONATION, Foundation);
```

Rule 3 source code

Así que, este tipo hizo una donación a Wikipedia, y luego tranquilamente invirtió el primer BTC 10 en MtGOX. Estas bitcoins fueron extraídas el 26 de abril de 2010:

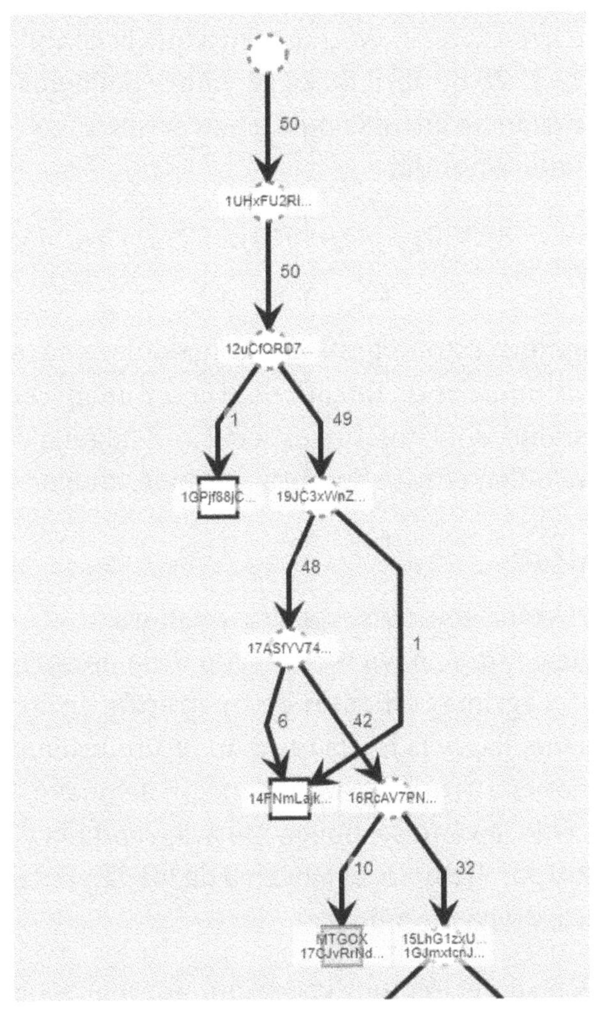

Ahora es el momento de las cifras y las fórmulas. Así que leí en this article que una computadora mediocre podría extraer bloques de X al día en el 2010 usando esta fórmula:

(2271696 * 86400) / (4294967296 * N) = X bloques de BTC 50, donde N es complejidad.

La table from Bitcoin Wiki muestra que la complejidad era de 11 el 26 de abril de 2010. Ahora podemos calcular cuántas bitcoins puede extraer una computadora por día:

(2271696 * 86400) / (4294967296 * 11) = 4 bloques de BTC 50.

¿Qué significa esto? Significa que cualquiera de los primeros mineros de Bitcoin podría ser un mecenas. No pude establecer el nombre específico. Si alguna vez averigua quién es este hombre, avíseme, amigo.

Shahrazad

Amigo, si estás leyendo estas líneas ahora, probablemente se haya recuperado de la investigación anterior. Lágrimas calientes de frustración ya no caen por sus mejillas, y la fe - la fe en un futuro brillante de criptomoneda - resurge en su corazón de nuevo. No se quedes cojo, levántese, ponga música tranquila y relajante, por ejemplo, el Maestro de los Títeres de Metallica, y siga leyendo.

Así que, mi atención fue atraída por another article en este sitio. Ofrece el análisis de la cartera Shahrazad realizada por la inteligencia artificial

1GEECfBjkeUMCf3TNWCHvXZKKjnjjra7tC.

Rule 1

IF an address (A) makes regular money transfer to another address (B) owned by an entity that is a restaurant THEN A's owner country = B's owner country.

Existing data : The database contains an entity named "Shahrzad" which owns the address "1GEECfBjkeUMCf3TNWCHvXZKKjnjjra7tC". We also know that "Shahrzad" is a restaurant located in Iran.

```
//-- Declaration of the rule. Takes as input a function that computes the rule's effects believes
//-- according to the unified goals.
ACTION& BitTransRule1 = NewRule(BitTransRule1Callback);

//-- Variables declaration. A variable has a type e.g. A is of type BITADDRESS.
//-- L is of type something that is a target of a GEO_POS action
CONCEPT& L = AddVariable(ACTIONS::GetTarget(*ACTIONS::GEO_POS));
CONCEPT& A = AddVariable(*CONCEPTS::BITADDRESS);
CONCEPT& B = AddVariable(*CONCEPTS::BITADDRESS);
CONCEPT& P = AddVariable(*CONCEPTS::LEGAL_PERSON);

//-- IF <A, InBitTransaction, Actor(BitTransRule1)> AND <B, InBitTransaction, Target(BitTransRule1)>
//--     AND <B, GeoPos, L> AND <P, Own, B>
AddGoal(BitTransRule1, A, *ACTIONS::INBITTRANSACTION, ACTIONS::GetActor(BitTransRule1));
AddGoal(BitTransRule1, B, *ACTIONS::INBITTRANSACTION, ACTIONS::GetTarget(BitTransRule1));
AddGoal(BitTransRule1, B, *ACTIONS::GEO_POS, L);
AddGoal(BitTransRule1, P, *ACTIONS::OWN, B);

//-- THEN <A, GeoPos, L>
AddEffect(BitTransRule1, A, *ACTIONS::GEO_POS, L);
```

Rule 1 source code

¿Por qué llamo a esta cartera "Shahrazad"? El hecho es que su dueño dejó la etiqueta "Shahrazad" en la cadena. Lo indicó al crear una billetera. Surge otra pregunta. ¿Qué es o quién es "Shahrazad"? ¿Cree que este es el personaje principal de algún cuento de hadas oriental? No, en absoluto. El Shahrazad es one of the most luxurious restaurants... Irán. ¡¡Irán, Carl!!!

El artículo, el enlace al que he citado anteriormente, dice que las transacciones de esta cartera se hicieron a Irán. Para asegurarme de esto, fui a Blockseer y vi lo siguiente:

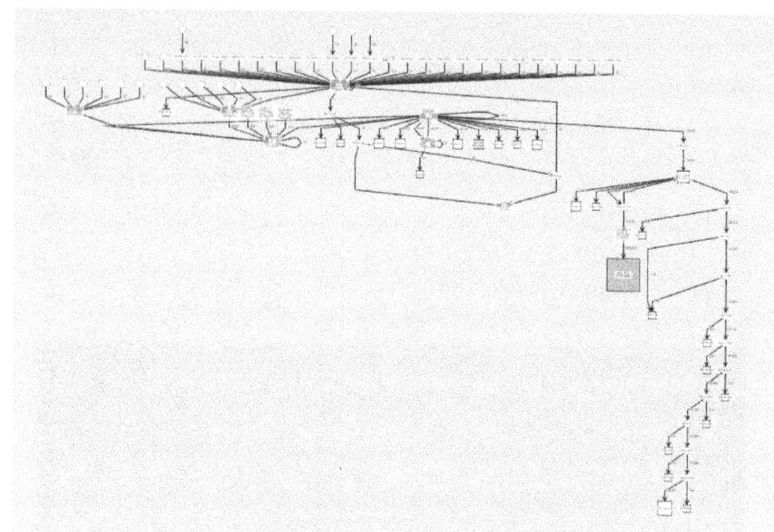

Y aquí debemos destacar tres puntos importantes:

1. **GOX**

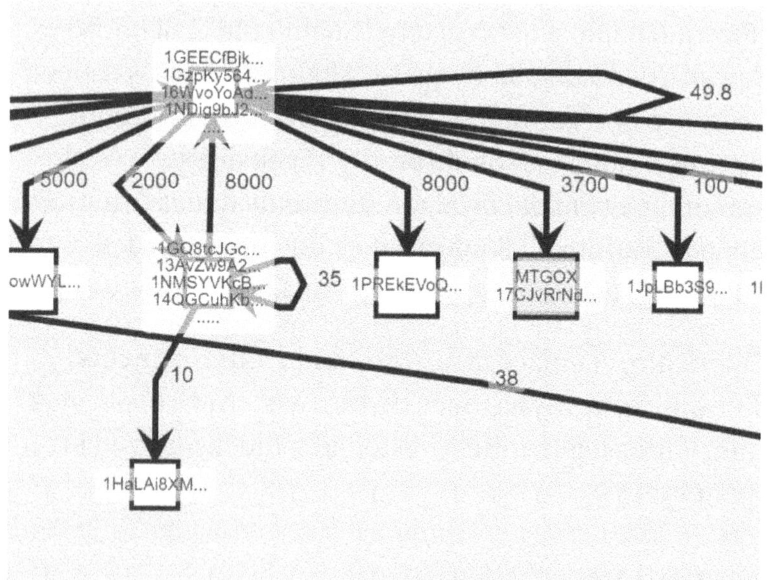

Esta es la misma transacción que tengo en mi tabla de "inversores" de GOX.

2. NO UN GOX.

Imagínese: "Shahrazad" transfirió 80.000 BTC de carteras propias y relacionadas a una cartera 1LUPDXYf9XD9Ee1AqCuM3gZCA3ZMKgTcgw . Desde esta cartera, las bitcoins fueron transferidas a "NOT A GOX" o al carrusel de Satoshi (ya hablaremos de ello más adelante).

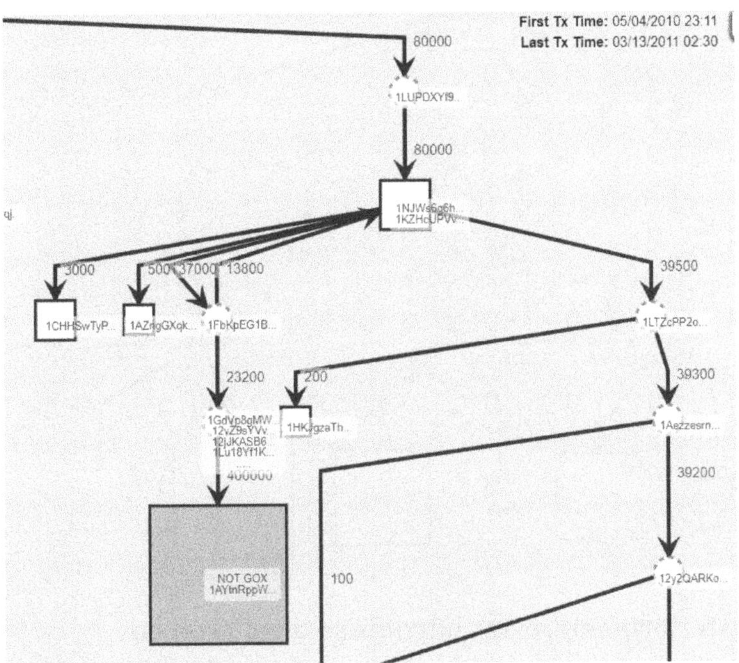

Todas estas operaciones se han realizado en 2010 y 2011.

Dos puntos interesantes están asociados a la cartera "NOT A GOX", que ahora está vacía:

1. Se menciona en Bitcointalk como implicado en el robo de fondos de MtGOX, es decir, se considera que es la puerta de entrada para la retirada de 400.000 BTC robados. El analysis of its transactions tiene evidencia indirecta de estas afirmaciones.

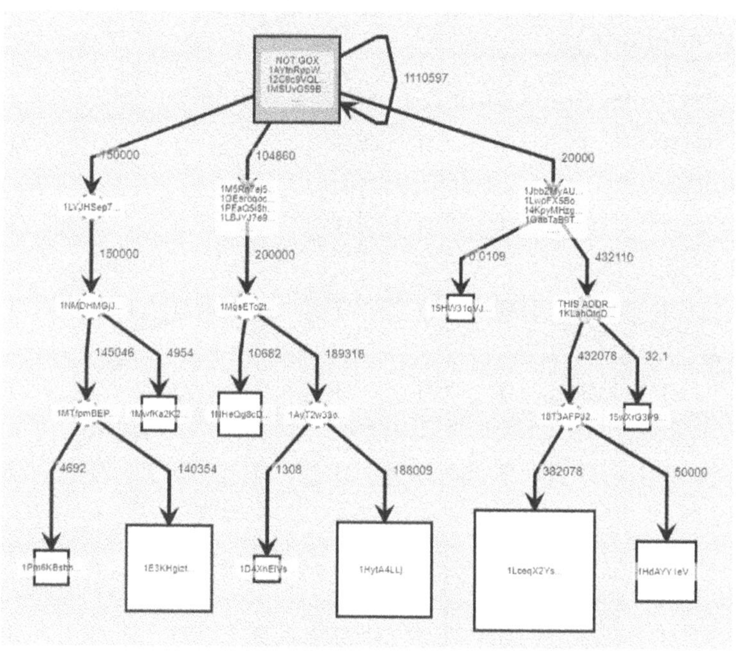

Posteriormente, estas bitcoins se dividieron en pequeños lotes y se transfirieron a diferentes direcciones. Si usted tiene un deseo de contemplar todas las direcciones finales de bitcoins robados, alguien tuvo el problema de proporcionarlos here.

2. La cartera "NOT A GOX" es la receptora de las microtransacciones que ya hemos mencionado. Mire atentamente y lo entenderá todo:

Si usted sufre un poco de esclerosis, entonces le recuerdo que las transacciones BTC 0.001 / 0.00001 señalan el inicio o el fin de un algoritmo de intercambio de bot.

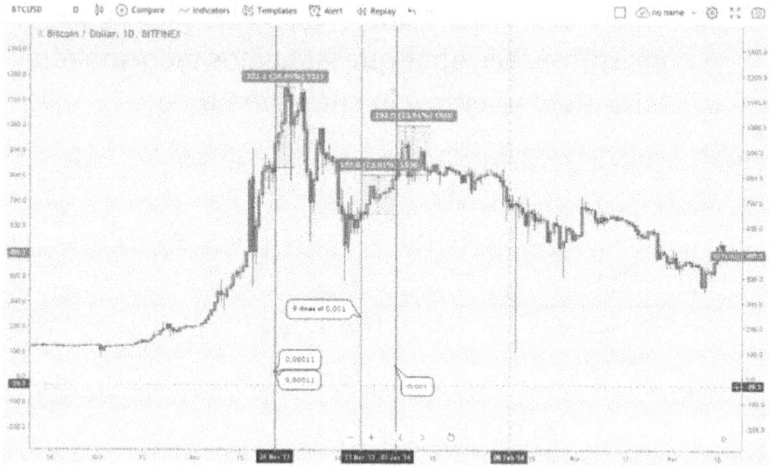

Si se consideran las transacciones de BTC 0.00011, se hicieron a la billetera "NOT A GOX" ya vacía (BTC 4 000 000 ya había sido retirado de allí) de la billetera 1QDTBF1Rynqfm1fhdFyNkhYeofxMcuqKDc. Si abre esta cartera, verá que también recibió las microtransacciones de las carteras "ENJOY" y "SOCHI" de las que hablamos en la sección anterior.

También busqué en las transacciones de otro grupo de carteras que transfirieron BTC 0.001 a "NOT A GOX" y descubrí el siguiente carrusel:

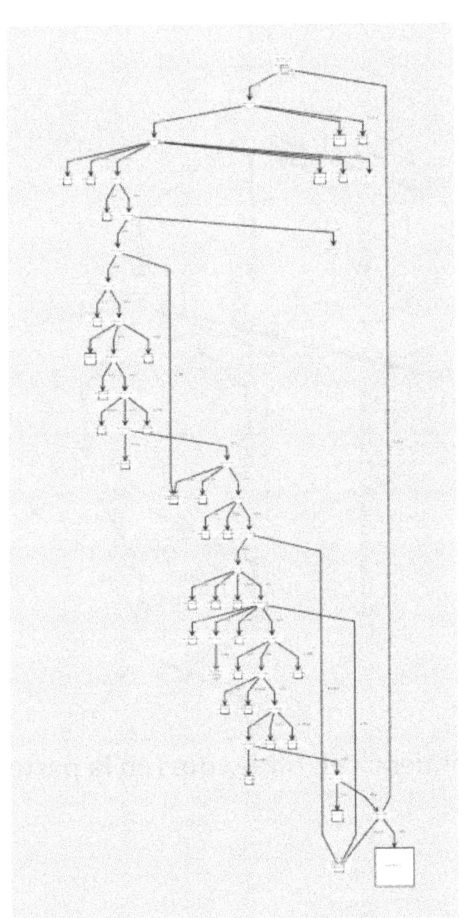

"NOT A GOX" está en la parte inferior izquierda.

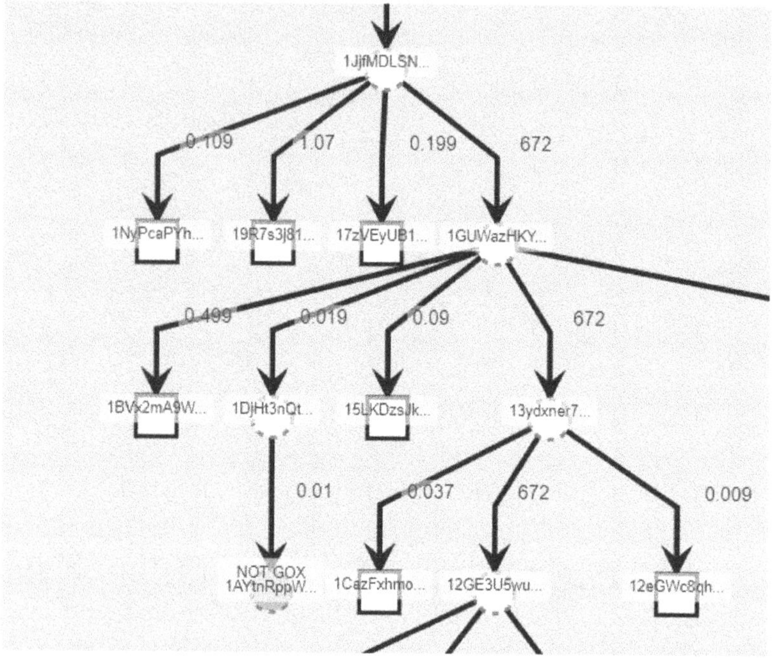

El carrusel comienza en btc-e.com (en la parte superior)

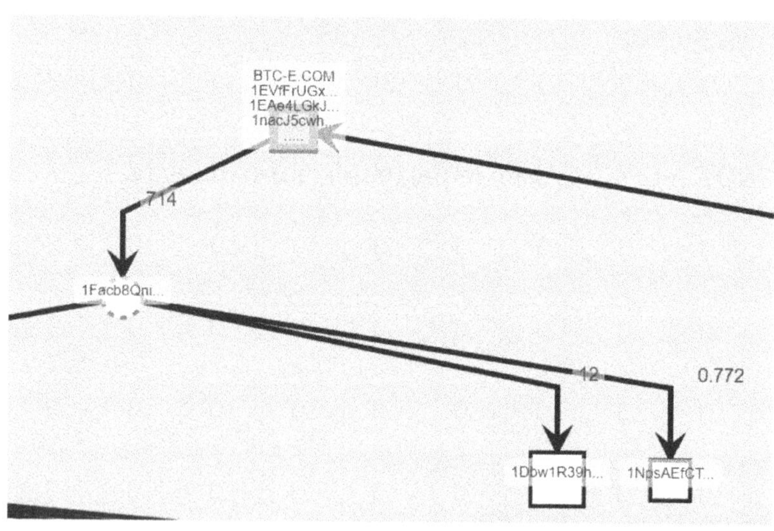

Para los que están bajo una roca: BTC-E es el mayor cambio de criptomoneda ruso. Tiene mucho en común con MtGOX. (Y no me refiero a la forma en que funcionan). Una característica común es que también resultó ser una estafa y dejó de funcionar el 25 de julio de 2017. La razón de su colapso se cree que es el lavado de dinero a favor de uno de sus líderes, Alexander Vinnik (¿recuerda la billetera "SOCHI"?)

Sé que es un vago (después de todo, tengo razón, hermano:) y no quiere perder el tiempo en ello. Por lo tanto, decidí profundizar en la información sobre este Alexander Vinnik en la web y darles un breve informe. Aquí lo tienen:

- Alexander Vinnik y otro tipo trabajaron como programadores en el Instituto de Ciencia y Tecnología de Skolkovo en Rusia (no se olvide de la cartera SOCHI, hermano).
- Las autoridades estadounidenses acusaron a Alexander Vinnik de blanquear 4.000 millones de dólares a través de Bitcoin a través del comercio en BTC-E. El dinero que lavó se había ganado vendiendo drogas, armas y otras cosas desagradables.
- Alexander Vinnik es considerado uno de los principales sospechosos de piratear la bolsa MtGOX.

Por supuesto, la bolsa MtGOX no hizo caso a nuestro Alexander Vinnik, pero encontré un curioso artículo que decía que los rusos Alexander y Aleksey fundaron BTC-E.

BTC-e unconcerned

BTC-e representatives were confident that Russia's actions will not be detrimental to their operations. A spokesperson implied that BTC-e faces little risk, as it does not have any offices in Russia or work with any Russian banks. Its founders Aleksey and Alexander, while residents of Russia, are not citizens.

Para colmo, aquí hay un artículo, o más bien un report de la compañía japonesa de seguridad criptográfica WizSec, que prueba la conexión entre Alexander Vinnik y el hacking de MtGOX. Usted puede leer acerca de todo el algoritmo de hacking de intercambio. Aquí hay un map del movimiento de la masa robada de MtGOX. También se menciona BTC-E.

3. Carrusel de Satoshi Nakamoto

Como recordarán, hemos destacado tres puntos sobre el dinero robado de MtGOX. Así, la tercera "celda" a la que se transfirió una parte del dinero robado es el llamado carrusel de Satoshi.

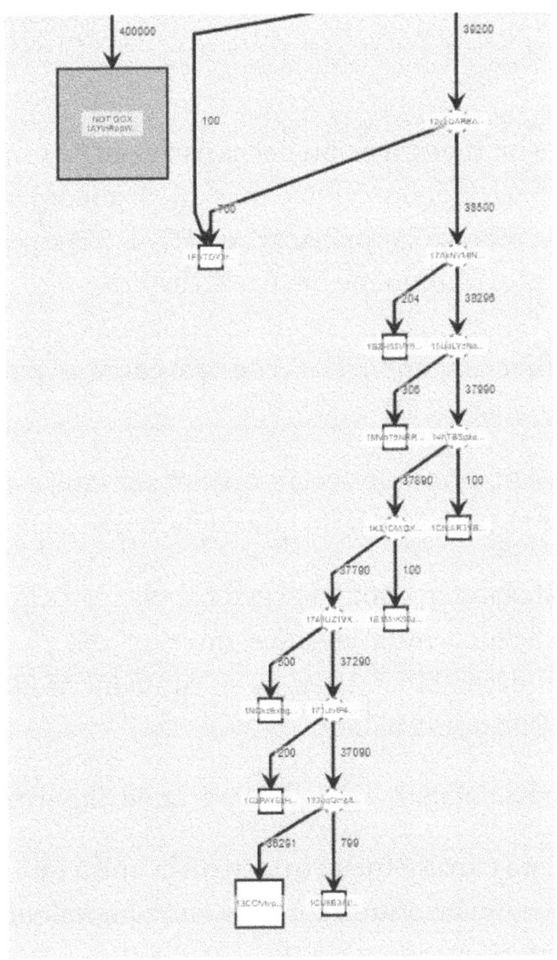

Por supuesto, empecé a examinar este carrusel en blockchain.com. La primera cartera fue 13CCfvtvppQnFtQxE12sNufVa9j4WNm3v2. La investigación me llevó a la billetera 17TZNT8CBPzUPDfKTXC25RQHrW6M2q6kRo, que todavía contiene BTC 2,995. Como parte del carrusel, 204 bitcoins fueron transferidos de esta cartera a la cartera 1PCM4gvyAua6ZidxzUSARDCvtT4qUK4G7G en 2017.

Continué mi investigación del carrusel de una manera similar, pero luego se volvió más difícil a medida que el carrusel comenzó a "pellizcar" el BTC 1-0.5 en cada giro. Al final, este camino me llevó a la cartera 1JG4BAHYriwhDfzaPPLgg3NJkSDQ5vyUxk, que ha estado almacenando BTC 65 de este carrusel desde noviembre de 2017.

En resumen, esta subsección resultó ser interesante e igualmente tediosa, por lo que sugiero que se la resuma:

- Alexander Vinnik hackeó la bolsa MtGOX
- Recibió ayuda "desde el interior" del intercambio, tal vez, de su compañero Aleksey. ¿Qué opina usted?

Ahora unas palabras sobre la cartera de Shahrazad:

- Esta cartera fue el origen de la bolsa MtGOX. Tal vez, incluso tuvo acceso a sus componentes internos
- 80.000 BTC de "doble gasto erróneo" fueron transferidos a esta cartera debido a un algoritmo "torcido" de la cartera caliente de MtGOX.
- Esta billetera formaba los activos de otra billetera, es decir, NO UNA GOX. Una suma total de activos en estas billeteras es de 400.000 BTC, que es un múltiplo de 40.000 BTC del algoritmo "torcido".

CHICOS DE MTGOX

Antes de empezar a chismorrear sobre los chicos de MtGOX (LOL), recordemos un poco la historia de su creación. Así que, al principio, la empresa se dedicaba al comercio de cartas de juego, y el famoso Mark Karpeles no surgió hasta marzo de 2011, cuando la bolsa se vendió a su empresa japonesa TIBANNE Co. Quedaban un par de meses para la llegada de nuestro amado Alexander Vinnik.

¿Qué sabemos de TIBANNE Co. Ltd? Sólo puedo decir dos cosas:

- El sitio web oficial de la empresa no funciona
- He encontrado information en Bitcointalk de que en 2012 un tipo iba a encontrar la dirección real de esta empresa. Sin embargo, no encontró ni la oficina ni los empleados. Tal vez, la compañía nunca existió.

¡Pero, maldición, este mundo es tan hermoso y las oportunidades que ofrece Internet son tan maravillosas que fortalecen enormemente nuestras capacidades en la investigación! Así que, desenterré en Internet el plan de negocios de MtGOX para 2014-2017. La gerencia superior de la entonces mayor bolsa de criptomoneda está representada en este plan de buen tamaño con sólo unas pocas palabras:

- CEO Mark Karpeles

- Director de desarrollo Gonzague Gay-Bouchery

Cuando estos dos tipos ya no pudieron ocultar la verdad sobre losins robados, la historia de su bolsa de valores se hizo pública. Salieron en los titulares. Después de que la estafa estalló, se decidió establecer el consejo de supervisión de MtGOX. El consejo fue nombrado por un regulador japonés cuando TIBANNE presentó una petición formal de quiebra. La junta incluía a Jesse Powell, director ejecutivo y fundador de Kraken Cryptocurrency Exchange, y a Nobuyuki Kobayashi, presidente de la junta de acreedores (la junta de supervisión). Además, muchos comerciantes engañados, que soñaban con recuperar su dinero, se convirtieron en miembros de la junta directiva. Sienta lástima por esa gente.

Para resumir. Después de leer esta interminable sección, puede fácilmente girar su dedo índice en una sien y decir que estoy loco. Sin embargo, ¿pueden todos estos hechos ser una mera coincidencia? ¡No lo creo! Espero que esté de acuerdo conmigo.

Vamos, lo descifraré para usted. Sólo tenemos 8 puntos. Léalas y vaya a la cama. Este desorden en el mercado debe ser bien pensado:

1. Las primeras inversiones en MtGOX fueron realizadas por donantes de Bitcointalk y Theymos
2. El primer donante de MtGOX fue uno de los primeros mineros, que incluso hizo donaciones a Wikipedia
3. Otro donante fue un Shahrazad de Irán, que recibió muchos bitcoins después de que el intercambio había sido pirateado.
4. Alexander Vinnik es (probablemente) el que ha conseguido hackear el intercambio. Lo hizo con la ayuda de su compañero y lavó la masa a través de BTC-E.
5. El socio de Alexander Vinnik (quizás, ¿Shahrazad?) no ha sido revelado. Tal vez, ¿él está comiendo deliciosas comidas en el restaurante iraní en este momento y tiene hipo?

6. Alexander y su socio trabajaron como programadores en la misma oficina en Skolkovo.
7. En el contexto de Vinnik, las carteras ENJOY y SOCHI parecen estar aún más conectadas con la cartera NOT GOX. Asumo que fueron manejados por rusos que también estaban involucrados en BTC-E.
8. Los llamados "carruseles de Satoshi" surgen de nuevo en la cadena de bloques, arrancando el dinero de un guapo y transfiriéndolo a miles de pequeñas billeteras, seguidos de su división.

Capítulo 4. Theymos

Si cree que la sección anterior era demasiado larga y tediosa, entonces ni siquiera sé si debería empezar a leer esta? Hmm....

Tal vez, no deberíamos dañar tanto su mente, porque no se necesitan una o dos páginas de este libro para descifrar el desorden titulado "Theymos". ¡Puede parecer un verdadero infierno! Si en el fondo todavía piensa que es un hombre fuerte (incluso si es una dama, riendo a carcajadas -), entonces tenga paciencia, tome una taza de café (o un vaso de whisky) y siga adelante. Estuve escribiendo demasiado tiempo, tenga piedad de mis dedos y ahonde en esta sección)

Vamos a repasar: Theymos fue el primer administrador de Bitcointalk y gastó todas las donaciones de Bitcoin con el propósito equivocado: invirtió en MtGOX.

Nuestro personaje, llamado Theymos, tiene un nombre, Michael Marquardt. Puede leer más información sobre él here. Y aquí están sus direcciones de correo electrónico:

- theymos@mm.st
- theymos@gmail.com
- theymos@hotmail.com
- theymos@aol.com
- theymos@yahoo.com

Para obtener los siguientes resultados de la investigación, sólo usé información de red abierta. Así que, ahora voy a dar los enlaces básicos de todas las carteras de Theymos entre sí y con otros miembros de la red.

Si examina la imagen cuidadosamente, puede llegar a las siguientes conclusiones:

- theymos@mm.st es la dirección de correo electrónico principal del Sr. Theymos. Además, cuando enviaba mensajes, el tipo usaba PGP encryption
- La dirección de correo electrónico anterior se utilizó para enviar mensajes a las siguientes direcciones: ian.maxwell@gmail.com, email@rylandtaylor-almanza.com, cjplooy@ultimatestunts.nl, frankf44@gmail.com, dfolkins@temple.edu, cdouble@mozilla.com, js9119@live.com

- theymos@mm.st también se comunicó con la dirección michael_m@mm.st ¿Cómo lo definí? ¡Es muy sencillo! Un rastro del intercambio de claves de encriptación PGP permaneció en la web.
- Nuestro Theymos también está registrado here , aunque no publicó nada. Dos de sus direcciones de correo electrónico apuntan a la cuenta en este sitio: theymos@gmail.com y theymos@yahoo.com
- Y por último, pero no menos importante, las direcciones theymos@mm.st y michael_m@mm.st (a pesar de PGP) nos dan un enlace con un cierto Michael Marquardt.

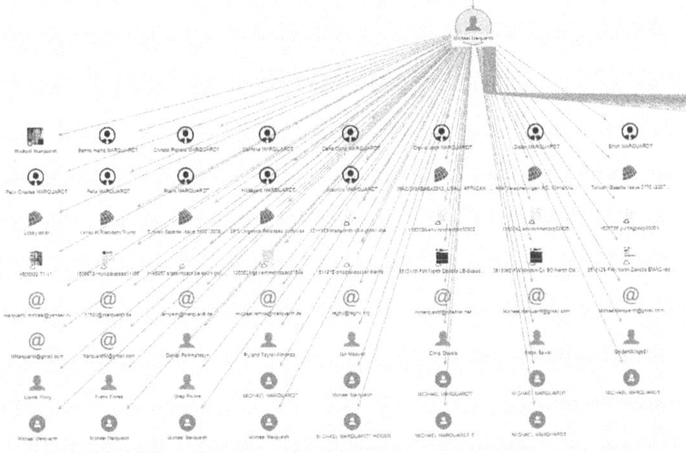

Mi avanzada investigación me lleva a una demanda que involucra el dominio Bitcoin.org, donde el Departamento de Justicia de los Estados Unidos identifica a nuestro Theymos as Michael Marquardt.

The safeguards around Bitcoin.org allow Theymos to take over in an emergency, like if "Cobra was hit by a bus or something," he said. Theymos, who was identified as Michael Marquardt by the U.S. Justice Department in a 2014 subpoena in the case against Ulbricht, is against a change in ownership for Bitcoin.org.

"While domain names like Bitcoin.org are inherently centralized and therefore subject to at least some fallible humans, I find the idea of handing Bitcoin.org to some politicizable nonprofit organization to be very distasteful," Theymos wrote in an email. "In some sense, the whole point of Bitcoin and the cypherpunk movement from which it spawned was to escape politics."

Ahora compartiré mis conclusiones con ustedes. Pueden creerlo o no (pero espero que lo crea, hermano). Así que supongo que nuestro Theymos es un tipo from Wisconsin. Encuentre su dirección y número de teléfono (e incluso Skype) abajo (o haga clic en el enlace)

```
Name: Michael Marquardt
Emails: theymos@mm.st / theymos@gmail.com / theymos@hotmail.com / theymos@aol.com / theymos@yahoo.com
Personal: michaelmarquardt@mm.st
Phone: 920-358-0624
Address: 1552 Park St
City: Middleton
State: Wisconsin
Zip: 53562
DOB: June 15, 1991
Domain: theymos.com
Skype: theymos1
Last 4: 7352
EXP: 01/16
SSN: xxx-xx-0179
Relatives: Laurie Marquardt
```

Theymos & MtGOX

Amigo, ahora mismo quiero ver su cara de sorpresa con los ojos saltones (me estoy riendo ahora, ahahahaha). Puedo imaginarle preguntando cómo este autor chiflado estableció la identidad de Theymos de la que estamos leyendo desde la primera página del libro. En resumen, no me lo agradezca a mí, es todo para usted, mi querido lector:) Sostenga que ya le he presentado a Theymos, así que sigamos.

Por lo tanto, tenemos la suerte de que alguien fue muy descuidado en la red, ya que ahora tenemos la siguiente información para nuestra investigación. El 17 de diciembre de 2017, alguien envió un correo electrónico a theymos@mm.st . E imagine, un archivo adjunto, un archivo pdf de 84 páginas, "se cayó" de esa carta.

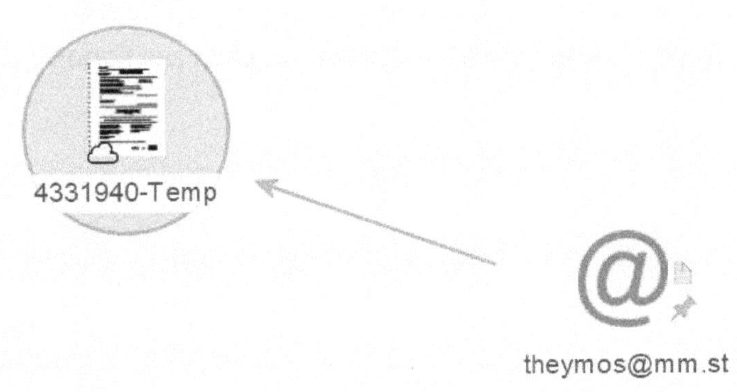

Para ver este archivo adjunto, click here .

Para mis perezosos lectores, que nunca siguen mis enlaces y prefieren recibir un breve informe, debo decir: el anexo de la carta contenía los case files of the sitting of the Supreme Court of Mississippi de fecha 17 de diciembre de 2017. Estos archivos del caso revelan que un demandante (una familia de médicos de Mississippi) perdió $133 millones o BTC 9,500 debido a la estafa de MtGOX. Presentaron una demanda contra MtGOX, TIBANNE KK (una entidad legal de MtGOX), Jed McCaleb (quien poseía el 12% de MtGOX), Mark Karpeles (propietario del 88% de MtGOX), MUTUM SIGULUM LLC, CODE COLLECTIVE LLC y un grupo de tipos bajo el nombre de John Does.

Por lo tanto, amigos míos, una conexión entre el Sr. Marquardt y MtGOX es obvia de nuevo.

Mejores Amigos De Theymos

Gracias a Internet, revelé que nuestro Theymos (Michael Marquardt) contactó a estas personas:

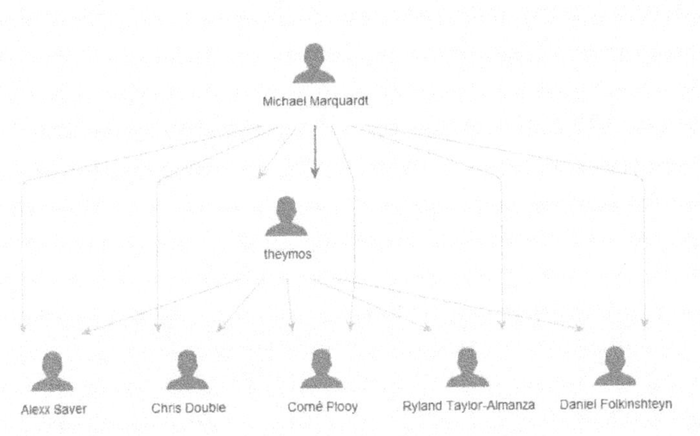

Y ahora comienza la parte más interesante. Consideraremos cada uno de ellos, desde los más pequeños (no estoy hablando de la altura ahora) hasta los más grandes.

Chris Double. Un hombre completamente extraño que conoce a todos en la comunidad de criptomoneda. Pero, ¿por qué? Tal vez, es un guitarrista experto. Dios sabe por qué los bultos se mezclan con él.

Ryland Taylor-Almanza. Este tipo tiene una historia muy interesante. Vende medicamentos, su website está vinculado a la propiedad intelectual rusa, registrada en ".com", y la dirección del servidor nos lleva a Chipre (Limassol, Agios Fylaxeos 66 y Chr. Perevou 2, Kalia Court, off. 601). Si usted ha intentado abrir su sitio y ha fallado, no se apresure a acusarme de mentir. El hecho es que este enlace realmente no se abre, hay una redirección a través de un enlace de referencia a otra farmacia en línea. Here it is

Coorne Ploy. Tiene conocimiento de la plataforma alemana / holandesa de venta libre Bitonic, donde se han vendido 375.000 BTC durante todo el tiempo de su existencia.

La plataforma acepta pagos bancarios y también tiene un cambio de criptomoneda. Lo interesante es que también acepta los pagos de la SEPA. Si usted está familiarizado con el asunto, usted entiende que puede haber mucho dinero oscuro.

Daniel Folkenshteyn. Parece ser una persona muy inteligente. Tiene un PhD in Finance , incluso trabaja como profesor asistente en la Temple University en Filadelfia. También es autor de numerosos articles about Bitcoin.. No sea perezoso y lea al menos algunas de ellos. De hecho, los artículos son muy buenos, por ejemplo, sobre Bitcoin como destructor del sistema financiero clásico, sobre criptomoneda y Nasdaq, sobre posibles aplicaciones de Bitcoin, etc. Y de nuevo: todos estos artículos tienen algo muy interesante y mucho en común, a saber, una similitud de estilo de redacción y temática con un libro de Satoshi Nakamoto. ¿Me está siguiendo?

NeoFutur. El análisis de la correspondencia de este último tipo, Theymos y otros chicos nos lleva a su relación con un tal William Waisse (él es NeoFutur).

Aquí están las direcciones: neofutur@ww7.be, wwaisse@neofutur.net, bitcoin.org@ww7.be. Espero que la última dirección de correo electrónico también le haya ayudado a darse cuenta de que este tipo está mezclado con Bitcoin.org y Mark Karpeles.

Este tipo también es dueño de entidades legales offshore:

NEODYNE INVEST LIMITED (Белиз);

NEOCORP EXPERTS L.P. (Уэльс).

Supongo que podría resolver los asuntos en el borde del offshore fiat y Bitcoin.

Y finalmente, el número 1 en nuestra lista de amigos de Theymos es Alexx Saver (SaverA@hotmail.com, AlexxS@gmail.com, ASaver@gmail.com). Es el mejor perro, créeme. Tiene algo que ver con Namecoin Central y CENTRAL ELECTRONIC MARKET EXCHANGE, INC.

Y Rusia emerge de nuevo. El líder de nuestra carta está asociado con un tal Kirill Temnenkov (KirillTemnenkov@gmail.com, KirillT@gmail.com), y él, a su vez, se relaciona con el intercambio que hemos mencionado un poco antes - BTC-E. Si este tipo es un super activista de Bitcoin de Rusia, ¿tal vez sea Aleksey, un socio de Vinnik?

Y ahora ni siquiera me pregunte cómo encontré los siguientes hechos. Hermano, entiendo que se muera por saberlo, pero no puedo revelar todas mis fuentes. Aquí tienen tres carteras Bitcoin de Alexx Saver:

Veamos las transacciones de cada uno en estas billeteras. La primera es 1EPNVhKEmk6eQJtpnkYJnk5yyMnGR2KbpZ. La última transacción en este monedero se realizó el 19 de enero de 2011. El número total de transacciones es de dos, mientras que el número total de bitcoins recibidos es de 700. Sigamos a estos bitcoins a través de la cadena de bloques:

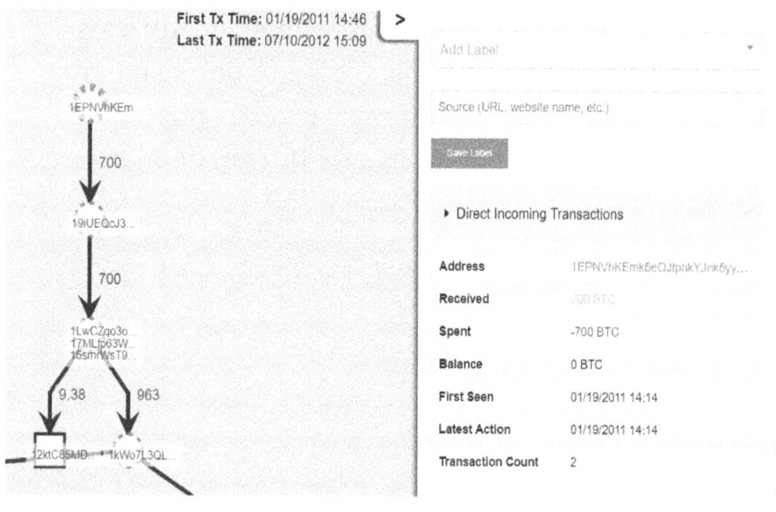

Es un punto de partida.

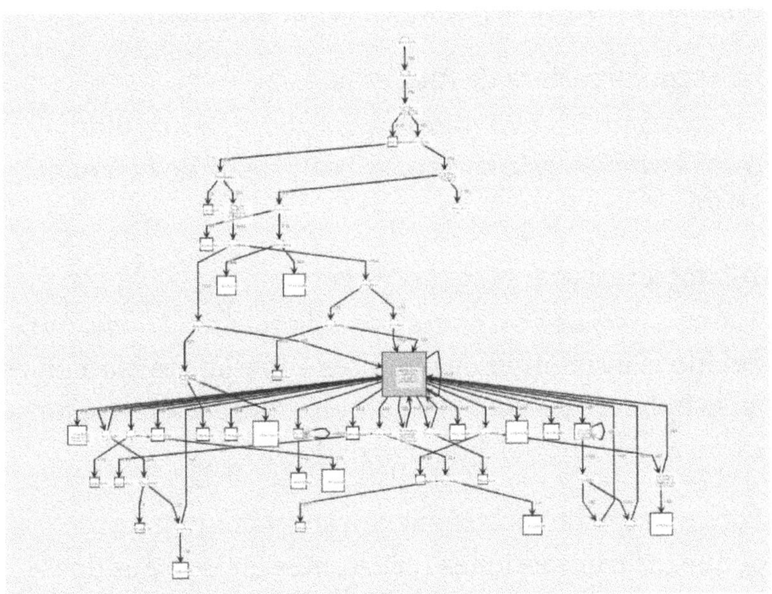

Es un camino de monedas.

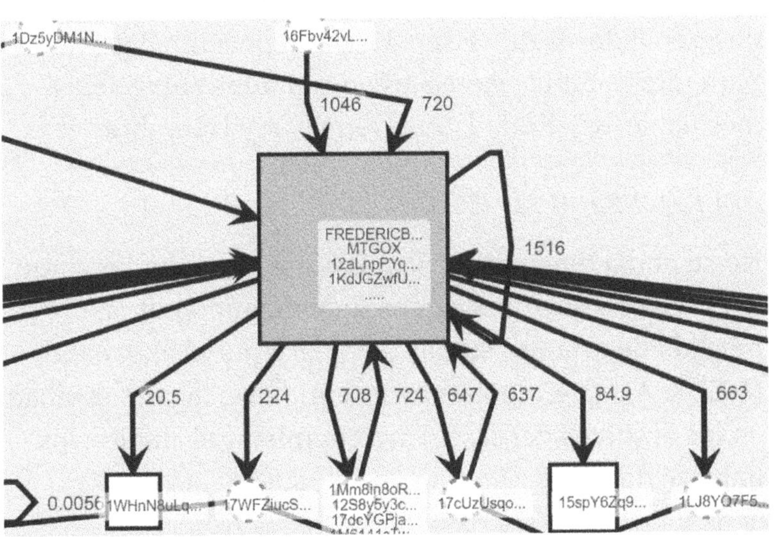

Y aquí tenemos un destino. Curiosamente, ¡el objetivo final es la cartera MTGOX de Frederic Bastiat!

La segunda cartera de Alex es la 1inux7eD8H13GrvBvdPjUbW7oSz8osgD8.. La última transacción en esta cartera se realizó el 7 de marzo de 2017.

Y la tercera cartera de Alex es la 1inux6wWiTBsQwU3pPG856rSvPVi8evX4. Lo encontré debido a la similitud de nombres entre las transacciones en la billetera de arriba. La última transacción en esta cartera se realizó el 7 de marzo de 2017.

Por cierto, usted puede encontrar un montón de pequeñas transacciones recurrentes en las otras dos billeteras. ¿Recuerda lo que significan?

Y una cosa más: descubrí que nuestro Alex es uno de los desarrolladores de Bitmessage (un programa gratuito para intercambiar mensajes encriptados entre dos o más usuarios). Es su github repository relevante.

Aquí Viene John Does

No se podía tener tan mala memoria para olvidar cómo la familia de doctores estaba demandando por la pérdida de grandes sumas de dinero por el engañado MtGOX. Así que, algunas otras entidades legales estaban en los archivos del caso. Para completar el cuadro, les hablaré de ellos:

MUTUM SIGULUM LLC era una especie de gateway a través de la cual el dinero era transferido a MtGOX.

CODE COLLECTIVE LLC es una company ubicada en Nueva York y dirigida por una profesora de ascendencia china, Wendy W Fok. Resulta ser una architect / designer. ¿Y qué hace esta compañía? Escribe códigos para redes neuronales y diseños de sitios web. No hay una conexión directa entre CODE COLLECTIVE y MtGOX, pero a mí me parece torcido. No descarto que estos tipos hayan hecho un sitio para MtGOX!

"John Does" es un nombre para personas aún desconocidas involucradas en el caso. Hay cinco de estas personas en el caso de los médicos contra MtGOX.

Y ahora tratemos de sacar conclusiones de toda la locura paranoica que describí en la presente sección. Si reúne a toda esta gente en un solo sistema, obtendrá el siguiente "árbol de la coincidencia":

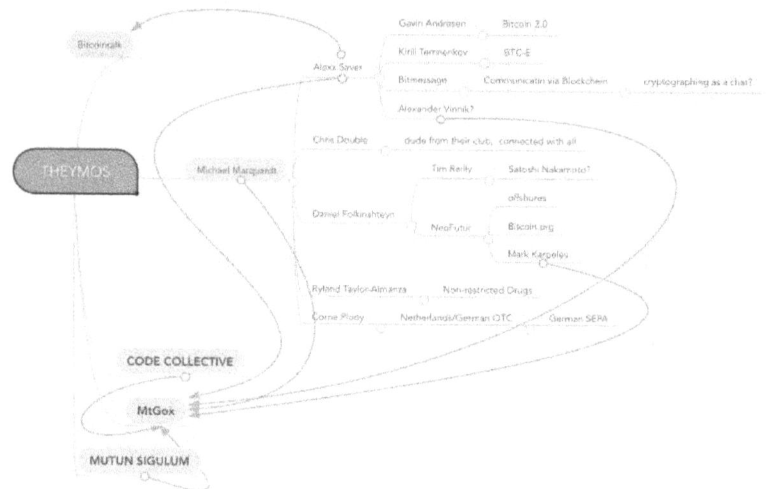

Theymos invirtió en MtGOX, estuvo involucrado en las demandas en el caso de MtGOX y en el caso de Bitcoin.org. Theymos está asociado con Daniel Folkenshteyn (quien es el autor de muchos trabajos científicos muy similares a los libros de Satoshi Nakamoto), y él, a su vez, se mezcla con NeoFutur y a través de él se vincula a las costas y Mark Karpeles.

También se cree que Theymos está mezclado con la sucursal europea de OTC con acceso al sector bancario y a la SEPA.

Alexx Saver (como Theymos) es uno de los administradores de Bitcointalk. Es amigo de Kirill Temnenkov, que está asociado con BTC-E. Permítanme recordarles que Alexander Vinnik (el creador de BTC-E) tenía un colega, Aleksey, que podía ayudarle a hackear MtGOX. ¿Quizás sea nuestro Alexx Saver?

El mismo Alex dejó huellas en la cadena de bloques, gracias a las cuales terminamos con MtGOX, un tal Frederic Bastiat y microtransacciones.

¿Qué le parece este rompecabezas? ¿Quieres dispararte a sí mismo? ¡Yo también! Hemos encontrado mucha información, pero ¿cómo vamos a sistematizarla?

Capítulo 5. ¿Quiénes son las ballenas y cómo hacerles frente?

Si ya está cansado de la repetición frecuente de palabras como MtGOX, BTC-E, THEYMOS, y otras, dé un suspiro de alivio ya que voy a mencionarlas menos (o no mencionarlas en absoluto, ya veremos). De hecho, todavía tengo mucha evidencia de microtransacciones en la cadena de bloques que sirven como una especie de señales para subir o bajar el precio de Bitcoin, pero no voy a poner todas mis cartas sobre la mesa ahora mismo. Espero sus comentarios, mi querido lector (sí, de usted), sobre esta investigación y si debo continuarla. Si este libro resuena con usted, lo actualizaré (casi he estallado en lágrimas por mis palabras, riendo a carcajadas).

Así que, dedico esta sección a las ballenas. No a esas dulces criaturas que nadan en el océano, sino a los feos y astutos que viven entre nosotros. Ugh. Tal vez, esta sección finalmente destruya su fe en el brillante futuro de la criptomoneda, pero no es mi culpa, hermano.

Así que, si usted decidió que las ballenas en el mercado de criptomoneda son un tal John, Chris o Michael, entonces usted está equivocado. Son los intercambios los que son las ballenas en el mercado de criptomoneda. Resulta que tratas con estas ballenas todos los días (Binance, Poloniex, Bittrex, Bitfinex y otros tipos de basura), las visitas, pero no sabes quiénes son. ¿Cómo es eso?

La tía Wikipedia te hablará de cada intercambio, de su creador, de los volúmenes diarios, etc., y yo persigo otros objetivos.

Dígame, por favor: ¿se ha preguntado por qué el 99,9% de las monedas alternativas pueden venderse o comprarse en la bolsa solo para Bitcoin? La respuesta es simple: es fácil tener una palanca de control para las cotizaciones (es decir, los precios). Suponga que quiere cambiar un poco de Dogecoin por dinero fiduciario, ¿le importará Bitcoin? ¡Maldito sea todo! Usted hará un intercambio directo y no le importará un bledo el precio de Bitcoin. Sin embargo, si quiere comprar chicle y sólo tiene algún tipo de Siacoin en su cartera criptográfica, entonces tendrá que comprar Bitcoin primero, luego cambiarlo por dinero fiduciario, y solo entonces podrá comprar su chicle, ¡maldita sea! ¿Obtener la imagen de una situación de locura en la que nos hemos visto obligados a entrar?

Por lo tanto, seguro que todo el movimiento en el mercado seguirá involucrando a Bitcoin, ya que de lo contrario (en caso de introducción de pares directos en las bolsas), el interés en Bitcoin caerá mientras que el interés en el dinero fiduciario crecerá. Por ejemplo, USDT será mucho más rentable que Bitcoin. ¿Y qué hará la multitud en este caso? Vender Bitcoin en busca de fiat.

Sólo los intercambios pueden dar a la gente pares directos. ¿Y quiénes son las bolsas? Así es, son ballenas. Así que queda claro por qué no debemos esperar a las parejas. Nunca (R.I.P.).

Ahora dígame una cosa más: ¿por qué diferentes estados y varios organismos reguladores (por ejemplo, la SEC) hacen constantes intentos de dañar de alguna manera los intercambios de criptomoneda? **Y una pregunta más**: ¿por qué todas las bolsas de valores se someten obligatoriamente al procedimiento internacional de concesión de licencias? Si alguna bolsa de valores se atreve a violar una regla, especialmente con respecto a las manipulaciones, un funcionario de la SEC llamará a la puerta de la oficina de su director ejecutivo en un par de minutos y le dirá: "Abandona el mercado, estás en la manguera."

El hecho es que los tipos que trabajan allí (¡en la supervisión financiera estatal!) entienden perfectamente bien (obviamente a diferencia de usted y de mí) todo tipo de tramposo en el mercado y cómo afecta a los precios, los comerciantes y así sucesivamente. Es por eso que todos los intercambios están bajo control.

No se haga ilusiones de que la SEC controla las bolsas porque se esfuerza por proteger mis derechos o los suyos. Francamente, no les importa. Pero sí les importan los hedge funds (fondos de cobertura) que invierten en las criptomonedas temiendo enfrentarse a una nueva crisis de 2008 en el mercado de valores. El dinero de los fondos de cobertura no está ahora en el mundo real, sino en el virtual (estoy hablando de la cadena de bloques, para que lo sepa).

¿Y qué es una cadena de bloques? "Oh, aquí vamos", pensó. No se preocupes, hermano, quiero tocar otra cosa. Mucha gente ve la cadena de bloques como la salvación universal, donde reina el anonimato y la ausencia de control del gobierno. La gente ha estado viviendo con este pensamiento durante muchos años, esperando que ahora nadie interfiera en sus vidas y que ellos mismos gobiernen en la cadena de bloques. Pero la realidad es que los gobernantes siguen allí. No son los gobiernos, sino las ballenas. Por lo tanto, continuarán obstaculizando la actividad de las agencias gubernamentales: esconderse en compañías offshore, reubicar hostings, etc.

He aquí la siguiente pregunta: los chicos ricos ya han ganado mucho dinero, así que ¿por qué deberían seguir manipulando el mercado? Para responder a esta pregunta, sugiero pensar en la siguiente situación. Imaginemos que tiene 500 millones de dólares (¿se imaginas?), decidió comprar Bitcoin por ese dinero. Si el precio de Bitcoin es de $8,000, usted comprará BTC 62,500. Pero tiene dos opciones:

- Usted puede comprar todas las "profundidades de mercado" en todas las bolsas (y subir el precio de Bitcoin hasta la luna).

- Puede negociar con las ballenas y entrar en el mercado extrabursátil, para poder comprar Bitcoin sin afectar a su precio.

Dudo que no le guste la segunda opción. Por lo tanto, usted se familiariza con los grandes titulares de Bitcoin y comienza a negociar: uno ofrece comprar monedas al precio de cambio, otro ofrece un 7% de descuento, y el tercero promete un descuento del 8,5%, pero advierte de que primero se producirá una reducción del mercado y después reanudará su curso natural. Estás interesado en el último tipo, es lógico. Así es como se verá su negocio: usted paga sus $500 millones por BTC 68,306 a una tasa de $8,000 y con un descuento del 8.5% (8,000-8.5% = 7,320).

Bien hecho, hermano, hizo un buen trato. ¿Pero se ha preguntado qué le pasa en este momento al tipo que le vendió Bitcoin? Le quitaron 68.306 BTC a un precio de 8.000 dólares por una moneda de 546.448.000 dólares. Su pérdida es de 46.448 millones de dólares. A pesar de esta difícil situación, este tipo no está tan desesperado porque es una ballena, lo que significa que tiene un intercambio. ¿Y qué hay de este intercambio? ¡Hay una multitud de hámsters allí! ¿Me ha entendido? Él invertirá alrededor de 3 millones de dólares en el dumping de precios, lo reducirá en un 8,5% (tal vez incluso menos), comprará estas monedas a un precio bajo y no sólo cubrirá las pérdidas, sino que incluso obtendrá beneficios.

Ahora, una vez más, puede hacerse la pregunta antes mencionada (¿se detendrán estas manipulaciones?) Una persona no tiene sentido de la proporción, independientemente de su nacionalidad, religión, etc. Si la gente puede ganar dinero, lo hará. Así que mi profecía es: LAS MANIPULACIONES NUNCA SE DETENDRÁN.

Y la última pregunta, chicos: ¿qué debemos hacer en esta asquerosa situación? Mi respuesta es: adaptarse a este mercado.

Ahora le revelaré el secreto de los secretos. Si se beneficia de ello, entonces recuérdeme al menos algunas veces con buenas bendiciones:)

Por lo tanto, puede utilizar un error en la cadena de bloques, a saber, las estadísticas de transacciones abiertas. Aquí está el enlace donde puede encontrar todas las mejores carteras de Bitcoin. ¿Entiende lo que debe hacer con esta información? Mire las transacciones y podrá predecir las próximas manipulaciones del mercado.

Si se está acercando a la práctica, entonces mi consejo es no esperar por nuevos pares altcoin/fiat (uno o dos pueden añadirse al año, pero a tal ritmo continuará hasta el fin del mundo). Todas las operaciones continuarán con Bitcoin, y se manipularán aún más.

Algunos consejos más:

- Siempre ponga una orden de stop en la bolsa

- No compre muchos altcoins, escoja una pequeña cantidad y cámbielos.
- Opere activamente cuando los precios de Bitcoin se mantienen estables
- Cámbie por fiat si siente que algo anda mal.

Aquellos que no quieren molestarse con el comercio, pueden intentar una inversión a largo plazo. Es un negocio menos estresante.

CAPÍTULO 6. USDT

Algunos expertos en criptomoneda llaman al 2019 el año de stablecoins. ¿Sabe lo que es? Es un tipo de criptomoneda atado a la moneda o mercancía habitual. ¿Por qué estas bobinas son tan geniales y por qué se cree que tienen una gran demanda? La volatilidad loca de Bitcoin y otras criptomonedas sólo hace enojar a los tipos en el mercado. ¿Qué hay de ti? Así es como quieren resolver el problema de las fluctuaciones inadecuadas de precios cuando hoy eres millonario y mañana eres un mendigo.

¿Por qué digo esto? Trato de explicar por qué elegí el USDT como el tema de la última sección (una de bonificación, si quiere). En primer lugar, el USDT es una moneda estable, y en segundo lugar, este negocio llamado "USDT" es bastante sospechoso.

¿Está listo para una nueva investigación? ¡Vámonos!

Voy a empezar con las cosas curiosas:

- Si aún no lo sabe, Tether Limited y Bitfinex son oficinas diferentes sólo por la letra de la ley, mientras que en realidad, es la misma cosa;
- Después de que Bitfinex retirara el USDT de la bolsa de Binance (a pesar de la posibilidad de hacer arbitraje de la diferencia de precio entre BTC / USD y BTC / USDT), ganó una bonita suma

de dinero a través del fraude con el USDT y el dólar fiat.

Informe técnico

Por supuesto, deberíamos empezar a ahondar en este tema desde sus orígenes, a saber, el Whitepaper USDT. Allí puede encontrar un esquema según el cual el USDT debería circular:

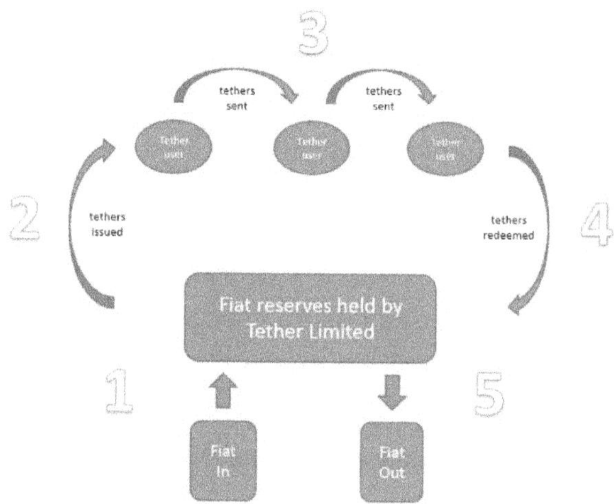

Si es para presentar esta información en forma de una lista con viñetas, se ve así:

- Fiat está depositado en una cuenta bancaria de Tether Limited
- Tether desembolsa un préstamo equivalente a la cantidad del depósito (si deposita $100 reales, obtiene USDT 100 virtuales).
- El USDT recibido se transfiere a una persona que depositó el fiat.

- Bueno, si usted necesita fiat, entonces usted deposita su USDT en Tether Limited y obtiene una suma de dinero fiat equivalente a USDT. Lo más interesante es que el USDT que regresó al Tesoro de Tether está completamente destruido.
- Si necesita un nuevo depósito fiduciario, se crean nuevos tokens USDT para este propósito.
- Otra forma de obtener USDT (excepto Tether Limited) es comerciar, este dinero también puede ser retirado en forma de fiat.

Todo parece bastante simple y decente a primera vista. Pero esta impresión es engañosa, amigo mío. ¿No le preocupa un punto sobre la destrucción del USDT devuelto? El hecho es que el Tesoro del USDT no es un "repositorio", las fichas enviadas allí deben ser destruidas posteriormente ya que el envío de USDT al Tesoro es tratado como un cobro de USDT.

CARTERAS PRINCIPALES DE USDT

Las principales carteras de esta entidad son:

- USDT “printer” and the main issuer wallet 3MbYQMMmSkC3AgWkj9FMo5LsPTW1zBTwXL
- New “Treasury” or Tether Treasury 1NTMakcgVwQpMdGxRQnFKyb3G1FAJysSfz
- Old “Treasury” or Tether Treasury 2 3BbDtxBSjgfTRxaBUgR2JACWRukLKtZdiQ

- Bitfinex wallet
  1KYiKJEfdJtap9QX2v9BXJMpz2SfU4pgZw
- Binance wallet No.1
  1KQ4DHSvR4zN5ZEQS9SfV71DK5rwm529KG
- Binance wallet No.2
  1FoWyxwPXuj4C6abqwhjDWdz6D4PZgYRjA
- Huobi wallet No.1
  1LAnF8h3qMGx3TSwNUHVneBZUEpwE4gu3D
- Huobi wallet No.2
  168o1kqNquEJeR9vosUB5fw4eAwcVAgh8P
- Bittrex wallet
  1DUb2YYbQA1jjaNYzVXLZ7ZioEhLXtbUru
- Poloniex wallet
  1Po1oWkD2LmodfkBYiAktwh76vkF93LKnh.

Resumí los balances de todas estas carteras principales del USDT en una tabla (pero no olvide que las cifras eran ciertas al momento de escribir este capítulo):

Wallet	Amount of USDT	USDT/USD rate	Amount is USD
"Printer" USDT	0,00	0,986443	0,00
Tether Treasury (old)	0,00		0,00
Tether Treasury (new)	966 678 763,48		953 573 499,48
Bitfinex Wallet	36 208 812,56		35 717 929,69
Binance #1 Wallet	593 591 062,91		585 543 748,87
Binance #2 Wallet	100 942 372,64		99 573 896,89
Huobi #1 Wallet	93 274 462,28		92 009 940,39
Huobi #2 Wallet	42 272 049,09		41 698 966,92
Bittrex Wallet	129 418 522,53		127 663 995,62
Poloniex #1 Wallet	3 310 444,30		3 265 564,61
Total	**1 965 696 489,79**		**1 939 047 542,48**
Tether Treasury from total	966 678 763,48	49,18%	953 573 499,48
On exchanges from total	999 017 728,31	50,82%	985 474 042,99

Todos los USDT están distribuidos de una manera muy interesante, ¿no lo ve? ¡Debe haber ocurrido por casualidad! Sí, te digo, es una coincidencia)

Aquí están los datos sobre el USDT en este momento (puede consultar la información más reciente en coinmarketcap.com).

Si nos proponemos la tarea de juntar dos "imágenes" de arriba, entonces obtenemos una contabilidad tan global como la del USDT:

Location	Amount of USDT	USDT/USD rate	Amount in USD	%
Total amount of USDT	**3 080 109 502,00**	0,986443	**3 038 352 457,48**	**100,00%**
Tether Limited Treasury	966 678 763,48		953 573 499,48	31,38%
Frozen USDT	35 949 980,00		35 462 606,12	1,17%
Destroyed USDT	30 000 000,00		29 593 290,00	0,97%
Out of turnover	21 059 022,52		20 773 525,35	0,68%
Amount in circulation	2 026 421 736,00		1 998 949 536,53	65,79%
On the exchanges	999 017 726,31		985 474 042,99	32,43%
On the wallets of network users & other exchanges	1 027 404 009,69		1 013 475 493,53	33,36%

La diferencia en los datos sobre la cantidad total de USDT y su cantidad en circulación, que se indica en el sitio coinmarketcap.com, es obvia. La diferencia consiste en 966,68 millones de USDT en el Tesoro (USDT congelados y destruidos) y 21 millones de USDT en el volumen de negocios (y ni siquiera sé qué tipo de grupo es).

Si no analizamos este esquema, se ve bien: un tercio está en el Tesoro, un tercio en las bolsas de la lista (mostradas en las carteras principales), y otro tercio en las carteras de los usuarios de la red y otras bolsas. Hasta la fecha, el 31,38% del USDT impreso ha sido retirado de la circulación. Creo que es el único precedente en la historia de toda la existencia de esta entidad llamada "USDT".

Además, desde el 1 de septiembre de 2018, estas transferencias de Bitfinex al Tesoro y viceversa han sido observadas:

Transfers	Amount of USDT
Transfer from Bitfinex to USDT-Treasury	885 718 600,00
Transfer from USDT-Treasury to Bitfinex	-150 000 000,00
Total	735 718 600,00

Así, de los 966,68 millones de USDT en el Tesoro, al menos 735,72 millones de USDT procedían de Bitfinex, lo que representa alrededor del 76% del volumen total almacenado allí.

Prensa De Impresión

Estoy seguro de que a cada uno de ustedes se les ocurrió al menos una vez en la vida la analogía entre el trabajo de la red USDT y el de la imprenta. Esto también es cierto para mí) La billetera 3MbYQMMmSkC3AgWkj9FMo5LsPTW1zBTwXL realiza esta función en esta entidad. Es esta billetera la que imprime y destruye los tokens del USDT.

La última transacción de esta cartera (les recuerdo: la última en el momento de escribir este libro) se realizó el 29 de septiembre de 2018. Un total de 100 dólares fueron transferidos. Al mismo tiempo, el último lote de fichas USDT se "imprimió" el 25 de junio de 2018.

Un punto es que esta billetera no sólo imprime fichas, sino que también las destruye (el proceso de destrucción se llama "Revocar fichas de propiedad"). Por lo tanto, si vemos la destrucción, podemos obtener información sobre la retirada del fiat de las cuentas bancarias de Tether Limited.

Resulta que sólo una vez (el 31 de enero de 2018) destruyó 30 millones de USDT durante toda la existencia de esta "imprenta".

Los tokens fueron destruidos sólo una vez, pero han sido "congelados" varias veces:

FREEZE USDT	
Date	**Amount of USDT**
23.10.2018	960 000,00
23.10.2018	1 060 000,00
09.10.2018	2 039 980,00
24.09.2018	940 000,00
21.11.2017	30 950 000,00
Total	35 949 980,00

Si mi memoria no me falla, se corrieron rumores en septiembre de 2018 de que la vulnerabilidad fue encontrada en la red de USDT. El bombo amainó y rápidamente nos olvidamos de todo, pero todas las fichas "congeladas" en 2018 se reflejaron en la red del USDT varias veces, y esto se asemeja a un "doble gasto", ¿no es así?

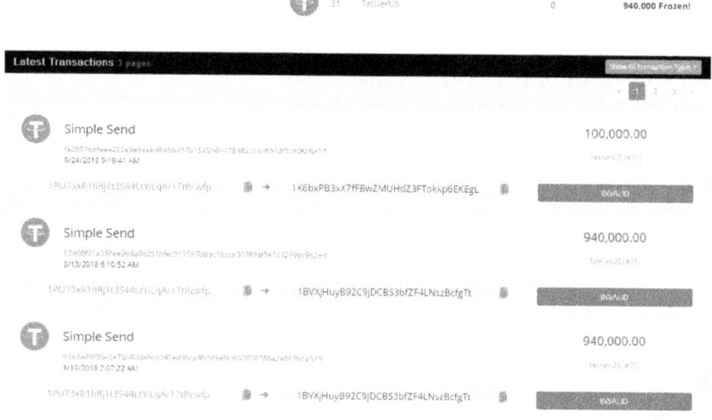

He aquí otro ejemplo:

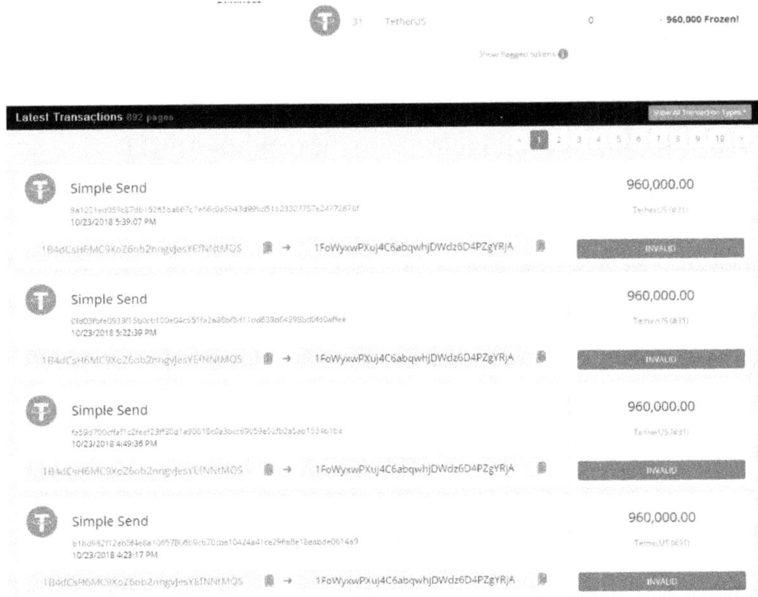

Y aquí tiene una lista de las carteras con fichas "congeladas":

- 30 950 000 USDT (no double spend)
- 940 000 USDT (potential double spend)
- 2 039 980 USDT (potential double spend)
- 1 060 000 USDT (potential double spend)
- 960 000 USDT (potential double spend)

Es muy extraño que sólo el 1% de los USDT (30 millones de la tesorería total de 3.000 millones) haya sido retirado, cobrado y destruido en la red de USDT antes, durante y después de la bomba Bitcoin por valor de 20.000 USD. ¿Es cierto que nadie retiró nada?

También es extraño que el código USDT fuera supuestamente pirateado, y al mismo tiempo, se produjo una "congelación" de un total de USDT 4.999.980 (la congelación no involucró USD 30.950.000 que no está acompañada de transacciones extrañas). Resulta que congelaron 5 millones de USDT y luego se corrió el rumor de que la red había sido pirateada. Me pregunto si la vulnerabilidad ya ha sido eliminada o, tal vez, si no se ha hackeado nada en absoluto.

Ganar Dinero Sin Bitcoin

Al investigar este tema, otro asunto me llamó la atención: ¿cómo podrían los chicos del Tesoro + Bitfinex + Binance + equipo ganar dinero con la exclusión del USDT de la bolsa de Binance y sin tener en cuenta la posibilidad de arbitraje de Bitcoin entre BTC / USD y BTC / USDT?

Veamos el gráfico de precios del USDT / USD en la bolsa de Kraken:

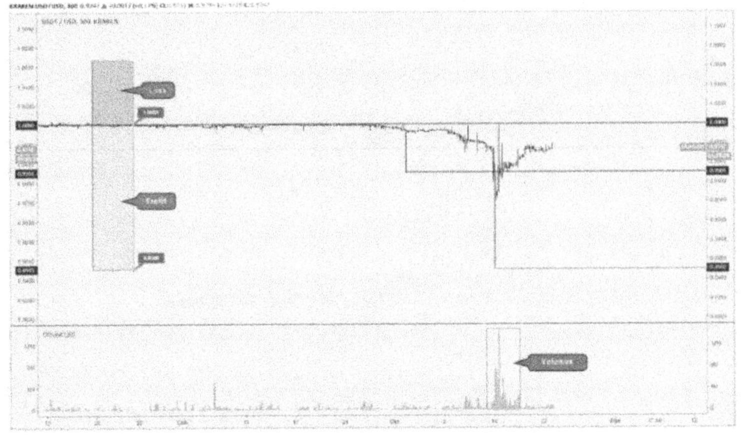

Y ahora recordemos un poco lo que escribí anteriormente: de acuerdo con el Whitepaper y el esquema de circulación del USDT, es necesario tener algo de USDT en Tether Treasure para obtener algunos dólares fiat en su cuenta bancaria. Al mismo tiempo, estos USDT deben ser destruidos a través de Revocar Fichas de Propiedad.

Ahora cambio su atención a los volúmenes (indicados por el número 2) durante la caída después de la eliminación de la lista (figura 1):

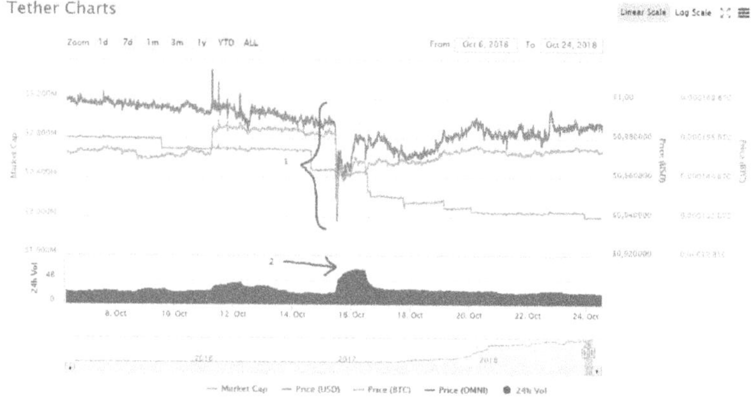

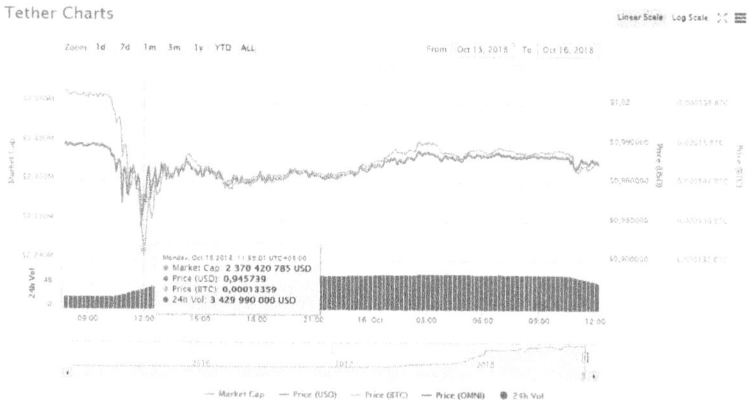

Ahora mire la historia más reciente del USDT en cifras:

Currency in USD

Sep 24, 2018 - Oct 24, 2018

Date	Open*	High	Low	Close**	Volume	Market Cap
Oct 23, 2018	0,984913	0,990374	0,982528	0,987862	2 111 740 000	2 045 094 991
Oct 22, 2018	0,985726	0,995210	0,976333	0,983998	2 213 350 000	2 046 782 394
Oct 21, 2018	0,984348	0,988854	0,974997	0,983548	2 188 330 000	2 043 920 962
Oct 20, 2018	0,988241	0,990877	0,977601	0,983631	2 094 040 000	2 052 004 385
Oct 19, 2018	0,981291	0,989284	0,978021	0,987712	2 322 570 000	2 086 639 263
Oct 18, 2018	0,972522	0,985084	0,967321	0,980858	2 485 030 000	2 145 792 803
Oct 17, 2018	0,977078	0,978690	0,968323	0,971225	2 569 210 000	2 204 699 680
Oct 16, 2018	0,979243	0,995358	0,969406	0,975152	2 585 550 000	2 454 395 592
Oct 15, 2018	0,993084	0,993084	0,925294	0,980138	5 891 700 000	2 489 087 954
Oct 14, 2018	0,987869	0,995905	0,984209	0,989570	2 008 170 000	2 673 590 361
Oct 13, 2018	0,995036	0,995455	0,984940	0,988046	1 961 540 000	2 692 987 558
Oct 12, 2018	0,998704	0,998704	0,983670	0,994102	2 962 380 000	2 702 915 064
Oct 11, 2018	0,992934	1,02	0,987252	0,993026	3 772 600 000	2 687 298 290
Oct 10, 2018	0,995332	1,00	0,990803	0,993502	2 295 300 000	2 693 768 327

Si altera ligeramente los datos históricos, puede obtener lo siguiente:

Date	Open price	High price	Low price	Close price	Average price(1)	Volume	Capitalization	Market Cap DELTA (2)	Potential profit (3)
Oct 20, 2018	0,99	0,99	0,98	0,98	0,99	2 094 040 000,00	2 052 004 385,00	-34 634 878,00	31 122 669,50
Oct 19, 2018	0,98	0,99	0,98	0,99	0,98	2 322 570 000,00	2 086 639 263,00	-59 153 540,00	36 982 282,11
Oct 18, 2018	0,97	0,99	0,97	0,98	0,98	2 485 030 000,00	2 145 792 803,00	-58 906 877,00	58 531 775,36
Oct 17, 2018	0,98	0,98	0,97	0,97	0,97	2 569 210 000,00	2 204 699 680,00	-249 695 912,00	68 523 399,91
Oct 16, 2018	0,98	0,99	0,97	0,98	0,98	2 585 550 000,00	2 454 395 592,00	-34 692 362,00	58 718 486,89
Oct 15, 2018	0,99	0,99	0,93	0,98	0,97	5 891 700 000,00	2 489 087 954,00	-184 502 407,00	159 679 799,25
Oct 14, 2018	0,99	1,00	0,98	0,99	0,99	2 008 170 000,00	2 673 590 361,00	-19 397 197,00	21 310 198,00
Oct 13, 2018	1,00	1,00	0,98	0,99	0,99	1 961 540 000,00	2 692 987 558,00		
Total	0,98	0,99	0,97	0,98	0,98	21 917 810 000,00	18 799 197 596,00	-640 983 173,00	434 868 611,02

¿Cómo hice estos cálculos? Primero, acaricio un precio promedio después de haber comparado los candeleros de día Abierto / Alto / Bajo / Cerrado. Segundo, calculé el delta (cambio) en la cantidad de USDT en el mercado. Y tercero, calculé el "beneficio potencial" si uno compra USDT a bajo precio y lo vende por $1 a través de Tether Limited, como dice el Libro Blanco.

Resultó que es posible retirar 434,9 millones de dólares en beneficios netos de todo el mercado, pero la cantidad de USDT disminuyó en unos 641 millones.

Aquí están las transferencias de Bitfinex a Tether Treasury del 14 al 20 de octubre de 2018, por un total de 680 millones de dólares:

Date	Transfers of USDT from Bitfinex to Tether Treasury
14.10.2018	200 000 000,00
16.10.2018	250 000 000,00
17.10.2018	50 000 000,00
18.10.2018	50 000 000,00
19.10.2018	80 000 000,00
20.10.2018	50 000 000,00
	680 000 000,00

Personalmente, no entiendo por qué existe tal discrepancia: 680 millones y 641 millones. Lo que sea que haya algo más interesante. Si suponemos que el beneficio neto debe calcularse a partir de los 680 millones devueltos, entonces estamos hablando de (680.000.000 / 0,98) - 680.000.000 = 13.900.000 USD.

La figura se ve muy bien, estoy de acuerdo. Pero estoy seguro de que los chicos ganaron mucho más dinero.

Conclusiones

Sólo puedo decir una cosa: usted, mi querido lector, como siempre tiene el derecho de creer en mi investigación o quemar un libro (o tirar su lector de libros electrónicos a la basura, - riendo a carcajadas -). Aunque mis cálculos son aproximados, el hecho principal no puede ser rechazado - algunos tipos hicieron mucho dinero con la bomba de todas las criptomonedas a USDT. Y esta suma no es de 13,9 millones de dólares.

En mi opinión, Bitfinex y Binance fueron los artífices de ese rendimiento. Y si todo está claro con Bitfinex, hay dos cosas que apuntan a Binance: a) los rumores de eliminación del USDT pasaron de Binance; b) Binance ya tenía TrueUSD (TUSD), al que nadie prestó atención hasta octubre de 2018.

Ahora, reunamos nuestras conclusiones y pensamientos:

- Como dice el Libro Blanco del USDT, los nuevos tokens se imprimen sólo cuando se recibe un depósito fiduciario en una cuenta bancaria y se destruyen cuando el fiduciario se retira de una cuenta bancaria.
- De hecho, los depósitos y retiros de Fiat tuvieron lugar.

- Mientras tanto, Revocar Fichas de Propiedad (o destrucción) por todo el tiempo ha afectado sólo USDT 30 millones (es una suma muy pequeña, hermano). Estoy seguro de que la suma de USDT destruido no es igual a la suma de fiat retirada de las cuentas bancarias de Tether Limited.
- Asumo que todas las fichas USDT, que deberían haber sido destruidas después de la retirada del fiat, fueron devueltas a Bitfinex. Es decir, este dinero no está respaldado por nada, lo que implica la naturaleza torcida de una "entidad" del USDT, escándalos que involucran a auditores, etc;
- La ballena Bitfinex usó este dinero gratis para comprar Bitcoin. Nadie se enteró de esto, porque todos los intercambios centralizados (¿hay otro tipo, hermano?) funcionan bajo un algoritmo que implica que nadie puede averiguar lo que está ocurriendo dentro del propio intercambio. Pero el USDT se hace necesario cuando se vende Bitcoin por USDT y luego se quiere retirar este USDT.
- ¿Pero con qué terminó la ballena Bitfinex? Los "maniquíes" del USDT se extendieron en el mercado, lo que significa que una tarea parecía recogerlos de nuevo. ¿Y cuándo debe hacerse? Por supuesto, al final de nuestro triángulo favorito (los expertos en análisis técnicos lo entenderán), que partió de 20.000. Fue entonces cuando se produjo la "exclusión de la lista".

- Hasta la fecha, unos 967 millones de USDT han sido devueltos a Tether Treasury (y estoy seguro de que se devolverán muchos más). También podría afectar al mercado, ¿no?

En una palabra, es más probable que sea sólo una parte de una gran estrategia (si se me permite llamar a esta conspiración una "estrategia"). Al principio, los chicos organizaron una bomba Bitcoin a expensas del USDT, y luego, utilizando el USDT "revocado" que no estaba respaldado por el fiat, compraron Bitcoin al precio más bajo.

¿Qué esperar después? Creo que deberíamos esperar una nueva ola de publicidad porque el triángulo está casi terminado, los mínimos de Bitcoin no pueden durar para siempre y los chicos están tratando de manejar una situación con la ayuda de USDT sin apoyo. Por lo tanto, preparémonos para el crecimiento desencadenado por las noticias sobre los tipos de ETF, Bakkt, etc.

Sobre El Autor

Alan T. Norman es un hacker orgulloso, inteligente y ético de la ciudad de San Francisco. Después de recibir una Licenciatura en Ciencias en la Universidad de Stanford. Alan ahora trabaja para una empresa mediana de tecnología de la información en el corazón del SFC. Aspira a trabajar para el gobierno de Estados Unidos como hacker de seguridad, pero también le encanta enseñar a otros sobre el futuro de la tecnología. Alan cree firmemente que el futuro dependerá en gran medida de los "frikis" informáticos tanto para la seguridad como para el éxito de las empresas y los futuros trabajos. En su tiempo libre, le encanta analizar y escudriñar todo lo relacionado con el baloncesto.

MASTERING BITCOIN FOR STARTERS

https://geni.us/domino-de-bitcoin

CRYPTOCURRENCY INVESTING BIBLE

https://geni.us/la-criptocurrencia

BLOCKCHAIN TECHNOLOGY EXPLAINED

https://geni.us/blockchain-es

CRYPTOCOMERCIO PRO

https://geni.us/cryptocomercio-pro

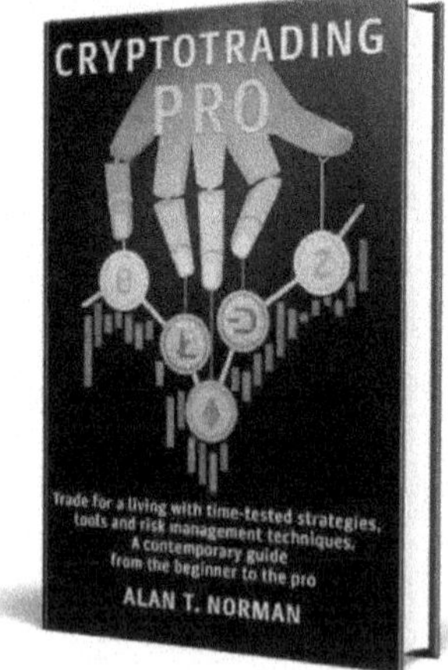

GUÍA DE HACKING DE COMPUTADORA PARA PRINCIPIANTES

https://geni.us/hacking-es

HACKING: HOW TO MAKE YOUR OWN KEYLOGGER IN C++ PROGRAMMING LANGUAGE

HACKED: Kali Linux and Wireless Hacking Ultimate Guide

UNA ÚLTIMA COSA....

¿DISFRUTÓ EL LIBRO?

SI ES ASÍ, ¡HÁGAMELO SABER DEJANDO UNA RESEÑA EN AMAZON! Las revisiones son el alma de los autores independientes. Apreciaría incluso unas pocas palabras y calificación si eso es todo para lo que tienes tiempo.

SI NO LE GUSTÓ ESTE LIBRO, ¡ENTONCES, POR FAVOR, DIGÁMELO! Envíeme un correo electrónico a alannormanit@gmail.com y hágame saber lo que no le gustó! Tal vez pueda cambiarlo. En el mundo de hoy, un libro no tiene que estar estancado, puede mejorar con el tiempo y la retroalimentación de lectores como usted. Usted puede impactar este libro, y agradezco sus comentarios. Ayude a que este libro sea mejor para todos!

www.ingramcontent.com/pod-product-compliance
Ingram Content Group UK Ltd.
Pitfield, Milton Keynes, MK11 3LW, UK
UKHW021648190726
13853UKWH00001B/129

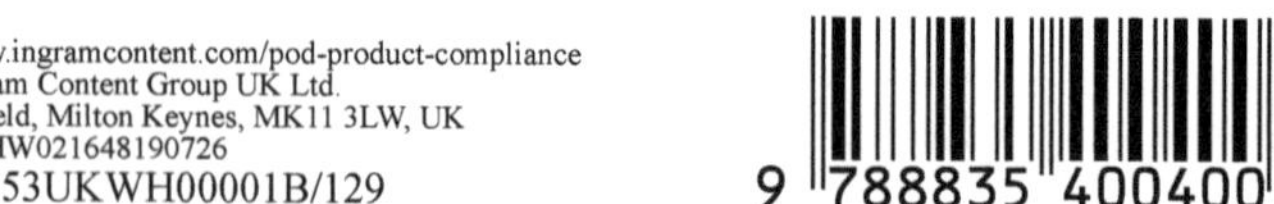
9 788835 400400